I0419280

El estado de la inseguridad alimentaria en el mundo

Cumplimiento de los objetivos internacionales para 2015 en relación con el hambre: balance de los desiguales progresos

ORGANIZACIÓN DE LAS NACIONES UNIDAS PARA LA ALIMENTACIÓN Y LA AGRICULTURA

Roma, 2015

Citación requerida:
FAO, FIDA y PMA. 2015. *El estado de la inseguridad alimentaria en el mundo 2015. Cumplimiento de los objetivos internacionales para 2015 en relación con el hambre: balance de los desiguales progresos.*
Roma, FAO.

ISBN 978-1514250822

SUMARIO

En la edición de *El estado de la inseguridad alimentaria en el mundo* de este año se hace balance de los progresos realizados hacia la consecución de los objetivos establecidos por la comunidad internacional en relación con el hambre y se reflexiona sobre lo que debe hacerse todavía, mientras se prepara la transición a la nueva agenda para el desarrollo sostenible después de 2015.

Los Estados miembros de las Naciones Unidas contrajeron dos compromisos importantes con objeto de hacer frente al problema del hambre en el mundo. El primero se suscribió en la Cumbre Mundial sobre la Alimentación (CMA), celebrada en Roma en 1996, en la que 182 gobiernos se comprometieron a "... *erradicar el hambre en todos los países, con el objetivo inmediato de reducir el número de personas desnutridas a la mitad de su nivel actual no más tarde del año 2015*". El segundo compromiso se formuló en el primer Objetivo de Desarrollo del Milenio (ODM 1), establecido en 2000 por los miembros de las Naciones Unidas, que incluye entre sus metas "*reducir a la mitad la proporción de personas que padecen hambre para el año 2015*".

En el presente informe se examinan los progresos hechos desde 1990 en todos los países y regiones, así como en el mundo en su conjunto. En primer lugar, la buena noticia: en general, el compromiso de reducir a la mitad el porcentaje de personas que padecen hambre, es decir, de alcanzar la meta 1.C de los ODM, se ha prácticamente cumplido a nivel mundial. Más importante aún, 72 de los 129 países en los que se han seguido los progresos han alcanzado la meta de los ODM, y 29 de ellos también han alcanzado el objetivo más ambicioso de la CMA al haber reducido por lo menos a la mitad el número de personas subalimentadas en sus poblaciones.

Existen marcadas diferencias en los progresos no solo entre los distintos países, sino también entre las regiones y subregiones. La prevalencia del hambre se ha reducido rápidamente en Asia central, Asia oriental y Asia sudoriental, así como en América Latina; en el África septentrional, se ha mantenido un nivel bajo a lo largo de todo el período de seguimiento de los ODM y la CMA. En otras regiones, como el Caribe, Oceanía y Asia occidental, se registró un cierto progreso general, pero a un ritmo más lento. En dos regiones, el Asia meridional y el África subsahariana, los progresos han sido en general lentos, pese a los numerosos éxitos obtenidos a escala nacional y subregional. En muchos países que han logrado progresos modestos, diversos factores tales como guerras, conflictos civiles y el desplazamiento de refugiados han frustrado a menudo los esfuerzos para reducir el hambre e incluso han hecho que aumentara, en ocasiones, el número de los hambrientos.

Los progresos hacia la consecución de la meta 1.C de los ODM, sin embargo, se evalúan no solo mediante la medición de la subalimentación, o el hambre, sino también mediante un segundo indicador, a saber, la prevalencia de la insuficiencia ponderal entre los niños menores de cinco años. Los avances respecto de los dos indicadores han sido similares, pero ligeramente más rápidos en el caso de la subalimentación. Si bien ambos indicadores han evolucionado en paralelo en el mundo en su conjunto, difieren significativamente en el plano regional debido a los diferentes factores determinantes de la insuficiencia ponderal de los niños.

Pese a los progresos generales, el hambre sigue siendo un desafío cotidiano para casi 795 millones de personas en todo el mundo, de las cuales 780 millones viven en las regiones en desarrollo. Por lo tanto, la erradicación del hambre debería seguir siendo un compromiso fundamental de los responsables de la toma de decisiones en todos los niveles.

En la edición de *El estado de la inseguridad alimentaria en el mundo* de este año no solo facilitamos estimaciones de los progresos ya realizados, sino que también señalamos los problemas restantes y ofrecemos recomendaciones sobre cómo hacerles frente. En pocas palabras, no existe una solución única para todas las situaciones. Las intervenciones deben adaptarse a las condiciones, entre ellas la disponibilidad de alimentos y el acceso a los mismos, así como las perspectivas de desarrollo a más largo plazo. Se precisan enfoques adecuados e integrales, junto con el compromiso político necesario para garantizar el éxito.

Por lo tanto, queda todavía mucho trabajo por hacer para conseguir erradicar el hambre y lograr la seguridad alimentaria en todas sus dimensiones. En el presente informe se indican los factores clave que han determinado el éxito hasta la fecha en la consecución de la meta 1.C de los ODM, relativa al hambre, y se proporciona orientación sobre las políticas en las que debería hacerse hincapié en el futuro.

El crecimiento inclusivo ofrece oportunidades a las personas con escasos bienes y conocimientos técnicos y permite mejorar los medios de vida y aumentar los ingresos de los pobres, especialmente en el ámbito de la agricultura. Por consiguiente, es uno de los instrumentos más eficaces para luchar contra el hambre y la inseguridad alimentaria y para lograr el progreso sostenible. La mejora de la productividad de los recursos de los pequeños agricultores familiares, los pescadores y las comunidades forestales, así como la promoción de su integración en la economía rural por medio de mercados que funcionen bien, son elementos esenciales de un crecimiento inclusivo.

La protección social contribuye directamente a la reducción del hambre y la malnutrición. Mediante el aumento de las capacidades humanas y la promoción de la seguridad de los ingresos, se fomentan el desarrollo económico local y la capacidad de los pobres para conseguir un empleo decente y, de ese modo, beneficiarse del crecimiento económico. Hay muchas situaciones en las que todos salen ganando al vincular la agricultura familiar y la protección social. Entre ellas figuran las compras institucionales de productos de los agricultores locales para suministrar comidas escolares y para programas gubernamentales, así como las transferencias de efectivo o los programas de dinero por trabajo que permiten a las comunidades comprar alimentos de producción local.

Durante las crisis prolongadas, debidas a conflictos y catástrofes naturales, la inseguridad alimentaria y la malnutrición constituyen una amenaza aún mayor. Estos desafíos exigen un compromiso político firme y medidas efectivas.

Más en general, los progresos en la lucha contra la inseguridad alimentaria exigen respuestas coordinadas y complementarias de todas las partes interesadas. En nuestra calidad de máximos responsables de los tres organismos relacionados con la agricultura y la alimentación con sede en Roma, hemos estado y seguiremos estando a la vanguardia de estos esfuerzos, trabajando juntos para ayudar a los Estados Miembros, sus organizaciones y otras partes interesadas con el fin de superar el hambre y la malnutrición.

Recientemente se han suscrito nuevos compromisos importantes en materia de reducción del hambre en el plano regional, tales como la Iniciativa América Latina y el Caribe sin Hambre, la Alianza renovada para erradicar el hambre en África antes de 2025, la Iniciativa Hambre Cero del África occidental, el Reto del Hambre Cero en Asia y el Pacífico y las iniciativas piloto de Bangladesh, Myanmar, Nepal, la República Democrática Popular Lao y Timor-Leste, entre otros países. Además, hay otras iniciativas encaminadas a erradicar el hambre para el año 2025 o 2030 en curso de formulación.

Estos esfuerzos merecen nuestro apoyo inequívoco, y cuentan con él, con vistas a fortalecer las capacidades nacionales para elaborar y ejecutar con éxito los programas necesarios. Los avances realizados desde 1990 demuestran que es posible lograr que el hambre, la inseguridad alimentaria y la malnutrición pasen a la historia. También ponen de manifiesto que hay mucho trabajo por delante para que podamos transformar esta visión en realidad. El compromiso político, las relaciones de asociación (partnership), una financiación adecuada y medidas globales son elementos fundamentales de este esfuerzo, al que estamos activamente asociados.

En cuanto miembros dinámicos del sistema de las Naciones Unidas, apoyaremos los esfuerzos nacionales y en otros planos para hacer que el hambre y la malnutrición pasen a la historia a través del Reto del Hambre Cero, la Declaración de Roma sobre la Nutrición de 2014, y la agenda para el desarrollo sostenible después de 2015.

José Graziano da Silva
Director General de la FAO

Kanayo F. Nwanze
Presidente del FIDA

Ertharin Cousin
Directora Ejecutiva del PMA

AGRADECIMIENTOS

El estado de la inseguridad alimentaria en el mundo 2015 ha sido preparado conjuntamente por la Organización de las Naciones Unidas para la Alimentación y la Agricultura (FAO), el Fondo Internacional de Desarrollo Agrícola (FIDA) y el Programa Mundial de Alimentos (PMA).

La coordinación técnica de la publicación, bajo la dirección general de Jomo Kwame Sundaram, estuvo a cargo de Pietro Gennari, con el apoyo de Kostas Stamoulis, del Departamento de Desarrollo Económico y Social (ES). Piero Conforti, George Rapsomanikis y Josef Schmidhuber, de la FAO, Rui Benfica, del FIDA, y Arif Husain, del PMA, actuaron como editores técnicos. Los jefes ejecutivos de los tres organismos con sede en Roma y sus oficinas, además de Coumba Dieng Sow y Lucas Tavares, de la FAO, aportaron valiosas observaciones y dieron el visto bueno final al informe.

La sección sobre *La subalimentación en el mundo en 2015* fue elaborada con aportaciones técnicas de Filippo Gheri, Erdgin Mane, Nathalie Troubat y Nathan Wanner, así como del Equipo de estadísticas sociales y sobre la seguridad alimentaria de la División de Estadística (ESS) de la FAO. Mariana Campeanu, Tomasz Filipczuk, Nicolas Sakoff, Salar Tayyib y el Equipo encargado de las hojas de balance de alimentos de la ESS proporcionaron datos de apoyo.

La sección titulada *La meta de reducción del hambre en profundidad: comparación de las tendencias de la subalimentación y la insuficiencia ponderal en los niños* se preparó con aportaciones sustantivas de Chiara Brunelli y del Equipo de estadísticas sociales y sobre la seguridad alimentaria de la ESS.

La sección titulada *La seguridad alimentaria y la nutrición: los motores del cambio* se preparó con aportaciones de Federica Alfani, Lavinia Antonacci, Romina Cavatassi, Ben Davis, Julius Jackson, Panagiotis Karfakis, Leslie Lipper, Luca Russo y Elisa Scambelloni, de la División de Economía del Desarrollo Agrícola (ESA) de la FAO; Ekaterina Krivonos y Jamie Morrison, de la División de Comercio y Mercados (EST) de la FAO; Meshack Malo, de la Oficina de la Directora General Adjunta (Coordinadora de Recursos Naturales) de la FAO; Francesco Pierri, de la Oficina de Asociaciones, Promoción Institucional y Desarrollo de la Capacidad (OPC) de la FAO; Constanza Di Nucci (FIDA); y Niels Balzer, Kimberly Deni, Paul Howe, Michelle Lacey y John McHarris (PMA).

Filippo Gheri se encargó de elaborar el Anexo 1 y del tratamiento de los datos conexos. Nathan Wanner, con contribuciones técnicas fundamentales de Carlo Cafiero, preparó el Anexo 2.

Raúl Benítez, Eduardo Rojas Briales, Gustavo Merino Juárez, Arni Mathiesen, Eugenia Serova y Rob Vos (FAO); Karim Hussein y Edward Heinemann (FIDA); y Richard Choularton y Sarah Kohnstamm (PMA), proporcionaron valiosas observaciones y sugerencias.

Michelle Kendrick (ES) coordinó los procesos editoriales, gráficos, de diseño y de impresión. Flora Dicarlo realizó el diseño gráfico y la disposición tipográfica. La producción de las ediciones traducidas fue coordinada por la Subdivisión de Publicaciones de la Oficina de Comunicación Institucional de la FAO. Los servicios de traducción e impresión fueron coordinados por el Servicio de Programación y Documentación de Reuniones, de la División de la Conferencia, del Consejo y de Protocolo de la FAO.

La subalimentación en el mundo en 2015

Tendencias mundiales

A pesar de que continúan realizándose progresos en la lucha contra el hambre, un número inaceptablemente alto de personas carece todavía de los alimentos necesarios para disfrutar de una vida activa y saludable. Las estimaciones más recientes indican que unos 795 millones de personas de todo el mundo, lo que equivale a algo más de una de cada nueve, estaban subalimentadas en 2014-16 (Cuadro 1). La proporción de personas subalimentadas respecto de la población, conocida también como prevalencia de la subalimentación[1], se ha reducido desde el 18,6 % en

1990-92 hasta el 10,9 % en 2014-16, lo que significa que ha disminuido el número de personas subalimentadas en un contexto de población mundial creciente. Desde 1990-92, el número de personas subalimentadas en todo el mundo ha descendido en 216 millones, lo que equivale al 21,4 %, pese a que la población mundial creció en 1.900 millones de personas durante el mismo período. La gran mayoría de las personas que pasan hambre viven en las regiones en desarrollo[2], donde se calcula que había 780 millones de personas subalimentadas en 2014-16 (Cuadro 1). La prevalencia de la subalimentación

CUADRO **1**

La subalimentación en el mundo, 1990-92 a 2014-16

	Número (*millones*) de personas subalimentadas y prevalencia (%) de la subalimentación									
	1990-92		**2000-02**		**2005-07**		**2010-12**		**2014-16***	
	N.º	%	N.º	%	N.º	%	N.º	%	N.º	%
TODO EL MUNDO	1.010,6	18,6	929,6	14,9	942,3	14,3	820,7	11,8	794,6	10,9
REGIONES DESARROLLADAS	20,0	< 5,0	21,2	< 5,0	15,4	< 5,0	15,7	< 5,0	14,7	< 5,0
REGIONES EN DESARROLLO	990,7	23,3	908,4	18,2	926,9	17,3	805,0	14,1	779,9	12,9
África	181,7	27,6	210,2	25,4	213,0	22,7	218,5	20,7	232,5	20,0
África septentrional	6,0	< 5,0	6,6	< 5,0	7,0	< 5,0	5,1	< 5,0	4,3	< 5,0
África subsahariana	175,7	33,2	203,6	30,0	206,0	26,5	205,7	24,1	220,0	23,2
África austral	3,1	7,2	3,7	7,1	3,5	6,2	3,6	6,1	3,2	5,2
África central	24,2	33,5	42,4	44,2	47,7	43,0	53,0	41,5	58,9	41,3
África occidental	44,6	24,2	35,9	15,0	32,3	11,8	30,4	9,7	33,7	9,6
África oriental	103,9	47,2	121,6	43,1	122,5	37,8	118,7	33,7	124,2	31,5
América Latina y el Caribe	66,1	14,7	60,4	11,4	47,1	8,4	38,3	6,4	34,3	5,5
América Latina	58,0	13,9	52,1	10,5	38,8	7,3	31,0	5,5	26,8	< 5,0
América central	12,6	10,7	11,8	8,3	11,6	7,6	11,3	6,9	11,4	6,6
América del Sur	45,4	15,1	40,3	11,4	27,2	7,2	n.s.	< 5,0	n.s.	< 5,0
Caribe	8,1	27,0	8,2	24,4	8,3	23,5	7,3	19,8	7,5	19,8
Asia	741,9	23,6	636,5	17,6	665,5	17,3	546,9	13,5	511,7	12,1
Asia meridional	291,2	23,9	272,3	18,5	319,1	20,1	274,2	16,1	281,4	15,7
Asia occidental	8,2	6,4	14,0	8,6	17,2	9,3	18,4	8,8	18,9	8,4
Asia oriental	295,4	23,2	221,7	16,0	217,6	15,2	174,7	11,8	145,1	9,6
Asia sudoriental	137,5	30,6	117,6	22,3	103,2	18,3	72,5	12,1	60,5	9,6
Cáucaso y Asia central	9,6	14,1	10,9	15,3	8,4	11,3	7,1	8,9	5,8	7,0
Oceanía	1,0	15,7	1,3	16,5	1,3	15,4	1,3	13,5	1,4	14,2

* Los datos relativos al período 2014-16 son estimaciones provisionales.
Fuente: FAO.

ha caído en un 44,5 % desde 1990-92 hasta situarse en el 12,9 % en 2014-16.

Los cambios en los países grandes y muy poblados, especialmente China y la India, son unas de las razones principales que explican las tendencias mundiales de reducción del hambre en las regiones en desarrollo[3]. La evolución fue rápida en la década de 1990, cuando las regiones en desarrollo en conjunto experimentaron un descenso constante del número de personas subalimentadas y de la prevalencia de la subalimentación (Figura 1). Posteriormente, a principios del siglo XXI, se produjo una ralentización de la prevalencia de la subalimentación seguida por una aceleración renovada en la última parte de la década, con una caída de la prevalencia del 17,3 % en 2005-07 al 14,1 % en 2010-12. Las estimaciones correspondientes al período más reciente, basadas parcialmente en previsiones, han evidenciado una vez más una fase de progresos más lentos, que se traducirán en una caída de la prevalencia de la subalimentación hasta el 12,9 % en 2014-16.

■ Medición de los progresos globales con respecto a los objetivos

El año 2015 marca el final del período de seguimiento de los dos objetivos de reducción del hambre acordados internacionalmente. El primero de ellos es el objetivo de la Cumbre Mundial sobre la Alimentación (CMA). Los representantes de los 182 gobiernos que participaron en la CMA, celebrada en Roma en 1996, se comprometieron a *"... erradicar el hambre en todos los países, con el objetivo inmediato de reducir el número de personas desnutridas a la mitad de su nivel actual no más tarde del año 2015"*[4].
El segundo es la meta relativa al hambre del primer Objetivo de Desarrollo del Milenio (ODM 1). En el año 2000, 189 naciones se comprometieron a liberar a la humanidad de numerosas privaciones, reconociendo que toda persona tiene derecho a la dignidad, la libertad, la igualdad y un nivel de vida mínimo que incluye estar exento del hambre y la violencia. Este compromiso condujo a la formulación de los ocho ODM en 2001. Posteriormente, los ODM se llevaron a la práctica mediante el establecimiento de metas e indicadores para realizar el seguimiento de los progresos, en los ámbitos nacional y mundial, durante un período de referencia de 25 años comprendido entre 1990 y 2015. El primer ODM, u ODM 1, engloba tres metas diferenciadas: reducir a la mitad la pobreza en el mundo, lograr el empleo pleno y productivo y el trabajo decente para todos y reducir a la mitad el porcentaje de personas que padecen hambre[5] para 2015. La FAO ha realizado un seguimiento de los progresos hacia la consecución de la meta 1.C de los ODM, relativa al hambre, y el objetivo de la CMA, utilizando el trienio 1990-92 como punto de partida.

Las estimaciones más recientes de la prevalencia de la subalimentación sugieren que las regiones en desarrollo en conjunto casi han alcanzado la meta 1.C de los ODM, relativa al hambre. La reducción estimada para 2014-16 dista en menos de un punto porcentual de la necesaria para alcanzar el objetivo para 2015 (Figura 1)[6]. Dado que la diferencia es pequeña y aplicando un margen de fiabilidad de los datos de referencia utilizados para los cálculos de la subalimentación, se puede considerar que se ha alcanzado la meta. Sin embargo, como se indicaba en las ediciones de 2013 y 2014 de este informe, para cumplir la meta con exactitud habría sido necesario que se aceleraran los avances en los últimos años. Pese a los importantes progresos de muchos países, no parece que la aceleración requerida se haya materializado en las regiones en desarrollo en conjunto.

El otro objetivo, establecido por la CMA en 1996, ha quedado muy lejos de cumplirse. Según las estimaciones actuales, en 1990-92 el número de personas subalimentadas en las regiones en desarrollo rozaba los 1.000 millones. Para alcanzar el objetivo del CMA este número tendría que haberse reducido a 515 millones aproximadamente, es decir, unos 265 millones menos que el cálculo actual para 2014-16 (Cuadro 1). No obstante, si se tiene en cuenta que la población ha crecido en 1.900 millones desde 1990-92, unos 2.000 millones de personas se han librado de padecer probablemente hambre durante los últimos 25 años.

Los importantes progresos en la lucha contra el hambre efectuados en la última década deberían analizarse tomando en consideración el contexto de cambio constante en el entorno mundial: la volatilidad de los precios de los productos, el encarecimiento general de los alimentos y la energía, las crecientes tasas de desempleo y subempleo y, sobre todo, las

FIGURA **1**

Trayectoria de la subalimentación en las regiones en desarrollo: progresos realizados y previstos hacia la consecución de la meta de los ODM y el objetivo de la CMA

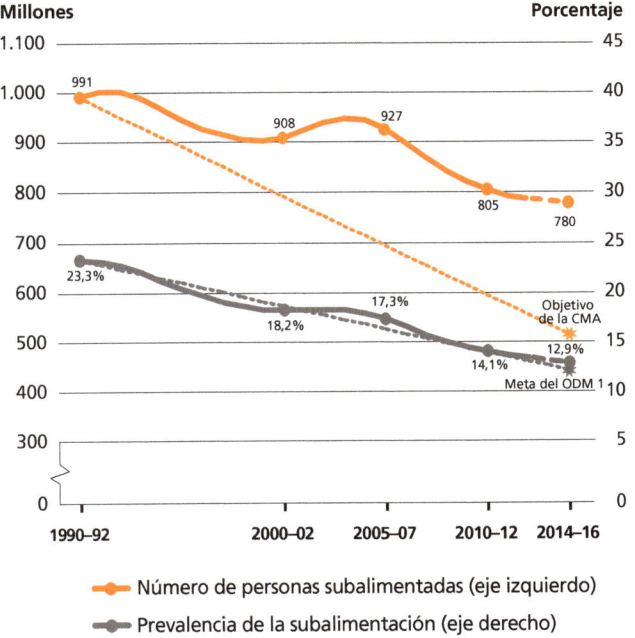

Nota: Los datos relativos al período 2014-16 son estimaciones provisionales.
Fuente: FAO.

recesiones económicas globales de finales de la década de 1990 y en los años posteriores a 2008. Los fenómenos meteorológicos extremos y las catástrofes naturales, cada vez más frecuentes, han causado estragos en cuanto a vidas humanas y daños económicos y han dificultado los esfuerzos por mejorar la seguridad alimentaria. La inestabilidad política y los conflictos civiles, que han provocado un aumento global del número de personas desplazadas hasta niveles sin precedentes desde la Segunda Guerra Mundial, han contribuido a este panorama. Esta evolución se ha cobrado un precio en la seguridad alimentaria de algunos de los países más vulnerables, especialmente en el África subsahariana, mientras que otras regiones como Asia oriental y sudoriental no han resultado afectadas o han podido minimizar sus efectos negativos.

El cambiante contexto económico mundial ha supuesto un desafío para los enfoques de lucha contra el hambre tradicionales. El interés por las redes de seguridad social y otras medidas que proporcionan asistencia específica a los grupos de población más vulnerables ha ido en aumento. La importancia de medidas específicas de este tipo, si se combinan con intervenciones estructurales a largo plazo, reside en su capacidad para crear un ciclo virtuoso de mejora de la nutrición y aumento de la productividad de la mano de obra. La eficacia de las intervenciones directas se maximiza cuando su objetivo es satisfacer las necesidades específicas de las poblaciones más vulnerables, mejorando la calidad de su dieta. La calidad de la dieta continúa siendo motivo de preocupación, incluso en aquellos lugares donde las políticas han resuelto con éxito déficits importantes de energía alimentaria. Asia meridional y el África subsahariana siguen estando especialmente expuestas al fenómeno conocido como "hambre encubierta", esto es, la carencia, o la ingesta insuficiente, de micronutrientes que deriva en diferentes tipos de malnutrición, como anemia ferropénica y carencia de vitamina A.

En la tercera sección del presente informe, "Seguridad alimentaria y nutrición: los motores del cambio" (véanse las págs. 27-46), se analiza con mayor detalle cómo afectan a las distintas regiones los desafíos que conlleva el contexto económico mundial y se examinan en mayor detalle las políticas adoptadas para contrarrestarlos.

Persistencia de diferencias importantes entre las regiones

Los avances hacia una mayor seguridad alimentaria continúan siendo desiguales en las distintas regiones. En algunas de ellas se han registrado progresos muy rápidos en la reducción del hambre, especialmente en el Cáucaso y Asia central, Asia oriental, América Latina y África septentrional. En otras, como el Caribe, Oceanía y Asia occidental, se ha reducido asimismo la prevalencia de la subalimentación, pero a un ritmo menor. La evolución dentro de estas regiones también ha sido desigual, lo que ha provocado la aparición de bolsas de inseguridad alimentaria importantes en diversos países. Los progresos han sido lentos en general en dos regiones, a saber, Asia meridional y el África subsahariana. Aunque algunos países han tenido éxito en la reducción del hambre, la subalimentación y otras formas de malnutrición se mantienen en niveles globalmente altos en estas regiones.

El ritmo diferente de los progresos en las distintas regiones ha provocado cambios en la distribución regional del hambre desde principios de la década de 1990 (Figura 2). Asia meridional y el África subsahariana representan ahora una parte notablemente mayor de la subalimentación mundial[7]. También han aumentado las partes correspondientes a Asia occidental y Oceanía, aunque con unos márgenes mucho más pequeños y partiendo de niveles relativamente bajos. Paralelamente, el ritmo de progreso superior a la media de Asia oriental y América Latina y el Caribe implica que estas regiones representan ahora partes mucho más pequeñas de la subalimentación mundial.

■ Avances realizados hacia la consecución de las metas internacionales relativas al hambre

En la Figura 3 se muestran los progresos hechos en las diferentes regiones en desarrollo con respecto a estas metas. Las estimaciones sugieren que en África en general, y en el África subsahariana en particular, no se cumplirá la meta 1.C de los ODM. En África septentrional, en cambio, se ha alcanzado la meta[8]. Sin embargo, el objetivo de la CMA, más ambicioso, parece fuera del alcance de África en conjunto y de todas sus subregiones. En la región de Asia ya se ha alcanzado la meta 1.C de los ODM, relativa al hambre, pero la población subalimentada de la región tendría que reducirse en otros 140 millones de personas para cumplir el objetivo de la CMA, lo que parece poco probable en el futuro cercano. En América Latina y el Caribe, consideradas conjuntamente, se han alcanzado tanto la meta 1.C de los ODM, relativa al hambre, como el objetivo de la CMA en 2014-16. Por último, en Oceanía no se ha cumplido ni la meta 1.C de los ODM, relativa al hambre, ni el objetivo de la CMA.

Algunos países han alcanzado ambas metas internacionales. Según los cálculos más recientes, 72 países en desarrollo han alcanzado la meta 1.C de los ODM, relativa al hambre, en 2014-16 (Cuadros 2 y 3)[9]. También han conseguido el objetivo de la CMA 29 de ellos. Otros 31 países en desarrollo han alcanzado únicamente la meta 1.C de los ODM, relativa al

FIGURA 2

Evolución de la distribución del hambre en el mundo: número y proporción de personas subalimentadas por región, 1990-92 y 2014-16

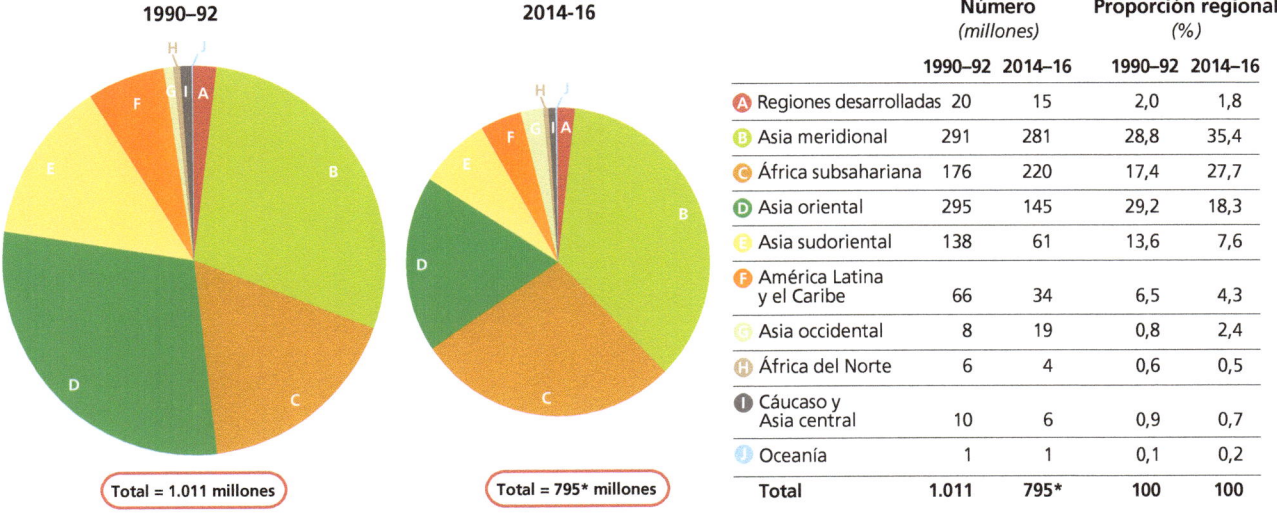

1990–92

2014-16

		Número (millones)		Proporción regional (%)	
		1990–92	2014–16	1990–92	2014–16
A	Regiones desarrolladas	20	15	2,0	1,8
B	Asia meridional	291	281	28,8	35,4
C	África subsahariana	176	220	17,4	27,7
D	Asia oriental	295	145	29,2	18,3
E	Asia sudoriental	138	61	13,6	7,6
F	América Latina y el Caribe	66	34	6,5	4,3
G	Asia occidental	8	19	0,8	2,4
H	África del Norte	6	4	0,6	0,5
I	Cáucaso y Asia central	10	6	0,9	0,7
J	Oceanía	1	1	0,1	0,2
	Total	**1.011**	**795***	**100**	**100**

Total = 1.011 millones

Total = 795* millones

Notas: El tamaño de los gráficos circulares es proporcional al número total de personas subalimentadas en cada período. Los datos relativos al período 2014-16 son estimaciones provisionales. Todas las cifras se han redondeado.
* Incluye datos de Sudán que no están incluidos en la cifra de África subsahariana, tras la partición del país cuando Sudán del Sur se convirtió en un estado independiente en 2011.
Fuente: FAO.

hambre, disminuyendo la prevalencia de la subalimentación en un 50 % como mínimo o logrando situarla en menos del 5 %. Por último, hay un tercer grupo de 12 países en los que se ha mantenido la prevalencia de la subalimentación por debajo o cerca del 5 % desde 1990-92, por lo que se incluyen entre los países que se considera que han alcanzado la meta 1.C de los ODM, relativa al hambre.

■ **África subsahariana: unos pocos casos de éxito, pero muy lejos aún de alcanzar las metas internacionales relativas al hambre**

En el África subsahariana, se calcula que poco menos de una de cada cuatro personas, concretamente el 23,2 % de la población, está subalimentada en 2014-16 (Figura 4, pág. 15). Esta prevalencia de la subalimentación, que equivale aproximadamente a 220 millones de personas hambrientas en 2014-16, es la más alta de todas las regiones y la segunda carga más grande en términos absolutos. De hecho, el número de personas hambrientas aumentó incluso en 44 millones entre 1990-92 y 2014-16. Teniendo en cuenta la prevalencia decreciente de la subalimentación en la región (Cuadro 1, pág. 8), este hecho refleja la tasa excepcionalmente alta de crecimiento demográfico (2,7 % anual). La lentitud del avance en la lucha contra el hambre a lo largo de los años resulta especialmente preocupante. Aunque la prevalencia de la subalimentación cayó con relativa rapidez entre 2000-02 y 2005-07, la reducción se desaceleró en los años siguientes a causa de diversos factores, como el encarecimiento de los alimentos, las sequías y la inestabilidad política de algunos países.

En la subregión de África central[10] el número de personas subalimentadas se multiplicó por más de dos entre 1990-92 y 2014-16, mientras que la prevalencia de la subalimentación cayó en un 23,4 %. La divergencia entre el aumento en números absolutos y el descenso de la prevalencia de la subalimentación se explica por el rápido crecimiento de la población de África central. La falta de progresos en términos absolutos refleja los problemas predominantes en la subregión, especialmente la inestabilidad política, los conflictos civiles y la guerra abierta, como sucede en la República Centroafricana.

África oriental, con 124 millones de habitantes subalimentados, continúa siendo la subregión con el problema de hambre más grave en términos absolutos. La región sigue experimentando un rápido crecimiento de la población, como sucede también en África central. Aunque la proporción de personas subalimentadas ha caído en un 33,2 %, el número de personas que padecen hambre ha crecido en casi un 20 % durante el período de seguimiento de los ODM. África austral presenta un panorama más favorable, con un descenso del 28 % en la prevalencia de la subalimentación desde 1990-92 y poco más de 3 millones de personas hambrientas. La subregión que ha logrado una reducción del hambre mayor es África occidental, donde el número de personas subalimentadas se ha reducido en un 24,5 % desde 1990-92, y se prevé que la prevalencia de la subalimentación se sitúe por debajo del 10 % en 2014-16. Este logro se ha alcanzado pese a la conjunción de varios factores restrictivos, como el rápido crecimiento demográfico (Nigeria es el país más poblado de la región), la sequía del Sahel y los elevados precios de los alimentos durante los últimos años.

FIGURA **3**

Los progresos hacia la consecución de la meta del ODM 1 y el objetivo de la CMA relativos al hambre varían considerablemente de una región a otra

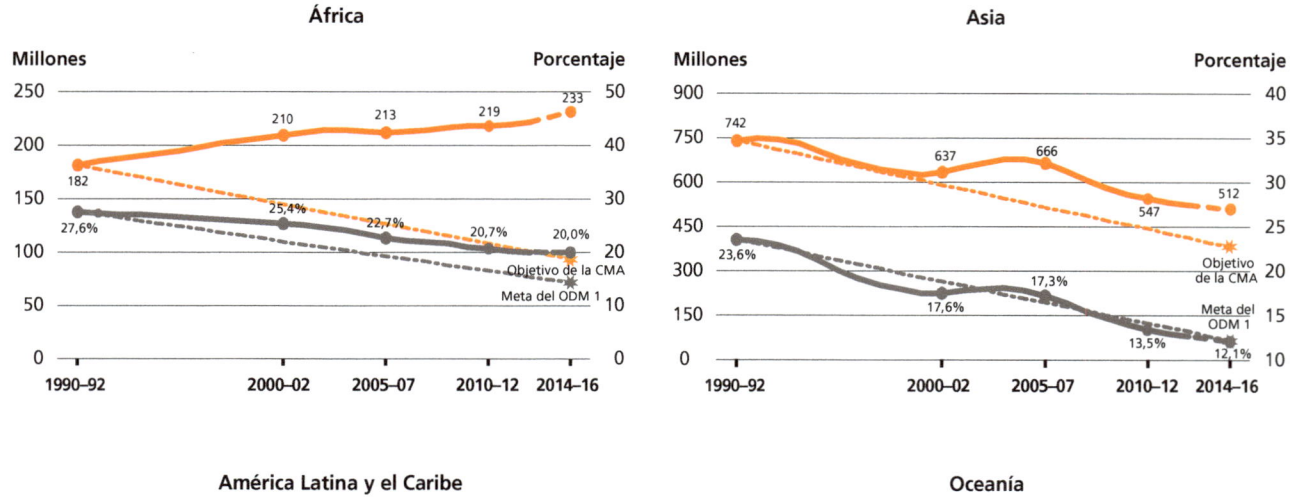

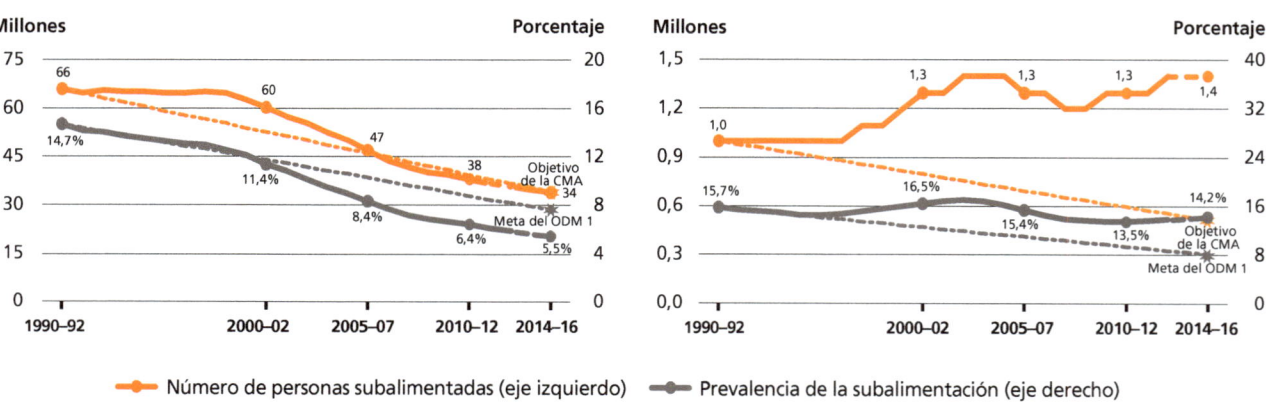

Nota: Los datos relativos al período 2014-16 son estimaciones provisionales.
Fuente: FAO.

Un total de 18 países del África subsahariana han alcanzado la meta 1.C de los ODM, relativa al hambre, y cuatro países más están cerca de conseguirlo (se espera que lo hagan antes de 2020 si se mantienen las tendencias actuales). Siete de ellos también han alcanzado el objetivo más ambicioso de la CMA (Angola, Camerún, Djibouti, Gabón, Ghana, Malí y Santo Tomé y Príncipe) y otros dos (Sudáfrica y Togo) están a punto de hacerlo. Aunque todos estos avances son positivos, en la mayoría de los casos se partía de niveles de subalimentación altos y muchos de estos países continúan lastrados por niveles altos de hambre. Los países más poblados que han alcanzado la meta 1.C de los ODM son Angola, Camerún, Etiopía, Ghana, Malawi, Mozambique, Nigeria y Togo. Además, muchos países más pequeños, como Benin, Gambia, Mauricio y Níger, también han conseguido dicha meta. Otros, como Chad, Rwanda y Sierra Leona, se encuentran cerca de hacerlo, si bien continúan soportando la pesada carga del hambre, en términos tanto relativos como absolutos. No obstante, la mayoría de los países del África subsahariana no están

registrando progresos hacia la consecución de las metas internacionales, y muchos países, como la República Centroafricana y Zambia, siguen enfrentándose a niveles de prevalencia de la subalimentación altos.

Tal y como se analiza con más detalle en la tercera sección del presente informe, "Seguridad alimentaria y nutrición: los motores del cambio" (véanse las págs. 27-46), muchos de los países que han progresado de forma notable en la lucha contra el hambre han disfrutado de situaciones políticas estables, crecimiento económico general y sectores primarios en expansión, especialmente agricultura, pesca y silvicultura. Muchos de ellos tenían vigentes políticas para la promoción y protección del acceso a los alimentos. Además, muchos de estos países han alcanzado la meta 1.C de los ODM e, incluso, el objetivo de la CMA pese a haber experimentado tasas de crecimiento de la población altas[11]. Esto demuestra que la reducción del hambre se puede lograr aunque las poblaciones estén creciendo rápidamente, siempre y cuando se disponga de condiciones institucionales y normativas adecuadas. En cambio, los países en los que los avances han sido insuficientes

CUADRO **2**

Países que han alcanzado, o están cerca de alcanzar, las metas internacionales relativas al hambre

Objetivo de la CMA y meta 1.C de los ODM alcanzados		Cerca de alcanzar el objetivo de la CMA*		Meta 1.C de los ODM alcanzada		Cerca de alcanzar la meta 1.C de los ODM*		Prevalencia de la subalimentación inferior (o cercana) al 5 % desde 1990	
1	Angola	1	Argelia	1	Argelia	1	Cabo Verde	1	Arabia Saudita
2	Armenia	2	Indonesia	2	Bangladesh	2	Chad	2	Argentina
3	Azerbaiyán	3	Maldivas	3	Benin	3	Colombia	3	Barbados
4	Brasil	4	Panamá	4	Bolivia (Estado Plurinacional de)	4	Ecuador	4	Brunei Darussalam
5	Camerún	5	Sudáfrica	5	Camboya	5	Jamaica	5	Egipto
6	Chile	6	Togo	6	Costa Rica	6	Honduras	6	Emiratos Árabes Unidos
7	China	7	Trinidad y Tabago	7	Etiopía	7	Paraguay	7	Kazajstán
8	Cuba	8	Túnez	8	Fiji	8	Rwanda	8	Líbano
9	Djibouti			9	Filipinas	9	Sierra Leona	9	República de Corea
10	Gabón			10	Gambia			10	Sudáfrica
11	Georgia			11	Indonesia			11	Túnez
12	Ghana			12	Irán (República Islámica del)			12	Turquía
13	Guyana			13	Islas Salomón				
14	Kirguistán			14	Jordania				
15	Kuwait			15	Kiribati				
16	Malí			16	Malasia				
17	Myanmar			17	Malawi				
18	Nicaragua			18	Maldivas				
19	Omán			19	Marruecos				
20	Perú			20	Mauricio				
21	República Dominicana			21	Mauritania				
22	Samoa			22	México				
23	San Vicente y las Granadinas			23	Mozambique				
24	Santo Tomé y Príncipe			24	Nepal				
25	Tailandia			25	Níger				
26	Turkmenistán			26	Nigeria				
27	Uruguay			27	Panamá				
28	Venezuela (República Bolivariana de)			28	República Democrática Popular Lao				
29	Viet Nam			29	Suriname				
				30	Togo				
				31	Uzbekistán				

* Se prevé que estos países alcanzarán el objetivo o la meta antes del año 2020.
Fuente: Cálculos de la FAO.

o han empeorado los índices de hambre con frecuencia se caracterizan por un crecimiento agrícola débil y medidas de protección social insuficientes. Muchos se encuentran en estado de crisis prolongada. Los países que se encuentran en estas circunstancias no son únicamente aquellos cuyos datos se indican en el Cuadro A1. La falta de información fiable sobre disponibilidad de los alimentos y acceso a ellos impide realizar un análisis sólido de la prevalencia de la subalimentación en países como Burundi, la República Democrática del Congo, Eritrea y Somalia, y por ello no se han incluido en dicho cuadro, pero los indicadores de seguridad alimentaria sobre los que se dispone de datos sugieren que sus niveles de subalimentación continúan siendo muy elevados.

■ África septentrional: se alcanzan las metas internacionales relativas al hambre pese a la inestabilidad potencial

Las tendencias y los niveles de subalimentación en África septentrional difieren enormemente de los del resto del continente. Los niveles de prevalencia de la subalimentación se han reducido en la región hasta quedar por debajo del 5 % según las previsiones de 2014-16 (Figura 4)[12]. Las posiciones de los países individuales con respecto a las metas internacionales en relación con el hambre son más o menos coherentes. Aunque el 5 % de la población puede equivaler a un número considerable de habitantes en Argelia, Egipto,

CUADRO **3**

Países que han alcanzado las metas internacionales relativas al hambre, por región

África subsahariana	Asia oriental, meridional y sudoriental, y Oceanía	América Latina y el Caribe	Cáucaso y Asia central	África septentrional y Asia occidental
Países que alcanzaron la meta 1.C de los ODM al reducir la proporción de personas que padecen hambre a la mitad o a menos del 5 % antes de 2015				
1 Benin	11 Bangladesh	22 Bolivia	27 Uzbekistán	28 Argelia
2 Etiopía	12 Camboya	23 Costa Rica		29 Irán
3 Gambia	13 Fiji	24 México		30 Jordania
4 Malawi	14 Indonesia	25 Panamá		31 Marruecos
5 Mauritania	15 Filipinas	26 Suriname		
6 Mauricio	16 Islas Salomón			
7 Mozambique	17 Kiribati			
8 Níger	18 Malasia			
9 Nigeria	19 Maldivas			
10 Togo	20 Nepal			
	21 República Democrática Popular Lao			
Países que alcanzaron tanto la meta 1.C de los ODM como el objetivo de la CMA de reducir a la mitad el número de personas que padecen hambre para 2015				
1 Angola	8 China	13 Brasil	23 Armenia	28 Kuwait
2 Camerún	9 Myanmar	14 Chile	24 Azerbaiyán	29 Omán
3 Djibouti	10 Samoa	15 Cuba	25 Georgia	
4 Gabón	11 Tailandia	16 Guyana	26 Kirguistán	
5 Ghana	12 Viet Nam	17 Nicaragua	27 Turkmenistán	
6 Mali		18 Perú		
7 Santo Tomé y Príncipe		19 República Dominicana		
		20 San Vicente y las Granadinas		
		21 Uruguay		
		22 Venezuela (República Bolivariana de)		
Países que han mantenido la subalimentación por debajo o cerca del 5 % desde 1990-92				
1 Sudáfrica	2 Brunei Darussalam	4 Argentina	6 Kazajstán	7 Arabia Saudita
	3 República de Corea	5 Barbados		8 Egipto
				9 Emiratos Árabes Unidos
				10 Líbano
				11 Túnez
				12 Turquía

Fuente: FAO.

Marruecos y Túnez, los niveles relativamente bajos de la prevalencia de la subalimentación indican que, de mantenerse las tendencias actuales, la región está a punto de erradicar la inseguridad alimentaria grave.

El acceso subvencionado a los alimentos, elemento central de las políticas de la región, ha mantenido bajos los precios de los alimentos en muchas regiones, incluso cuando los precios mundiales aumentaron bruscamente. Estas medidas, aunque cuestionables desde el punto de vista de la sostenibilidad, han ayudado a mantener la subalimentación en niveles bajos proporcionando grandes cantidades de calorías a precios asequibles. Sin embargo, dado que la atención se ha centrado en las calorías, las preocupaciones por la calidad de la dieta han quedado desatendidas en gran medida, lo que ha provocado el aumento de otras formas de malnutrición, como la creciente prevalencia del sobrepeso y la obesidad. Además, la región sigue expuesta a la inestabilidad económica y política real y potencial. Algunos países muestran una gran dependencia de las importaciones de alimentos, y su limitada base de recursos, junto con el rápido crecimiento de su población, sugieren que la dependencia de las importaciones continuará siendo una característica de la región en el futuro, pese a los esfuerzos por aumentar la productividad agrícola.

■ **Asia meridional: se registran progresos, pero demasiado lentos para alcanzar las metas internacionales relativas al hambre**

La carga del hambre más alta en términos absolutos corresponde a Asia meridional. Las estimaciones relativas a 2014-16 indican que hay unos 281 millones de personas subalimentadas en la región, lo que supone únicamente una ligera reducción de las cifras de 1990-92 (Cuadro 1, pág. 8). Pero se han realizado progresos significativos en términos relativos: la prevalencia de la subalimentación ha disminuido del 23,9 % en 1990-92 al 15,7 % en 2014-16 (Figura 4). La región lleva camino de conseguir una carga del hambre más manejable. Y lo que es más importante: los progresos se han acelerado durante la última década, a pesar de las subidas de los precios en los mercados internacionales de productos básicos. La evolución de las tendencias del hambre en la India en particular ha influido de forma notable en los resultados de la región. El encarecimiento mundial de los alimentos, observado desde finales de la década de 2000, no se ha transmitido plenamente a los precios nacionales, especialmente en países grandes como la India. En este país, el programa ampliado de distribución de alimentos también contribuyó a este resultado positivo. El mayor crecimiento económico no se

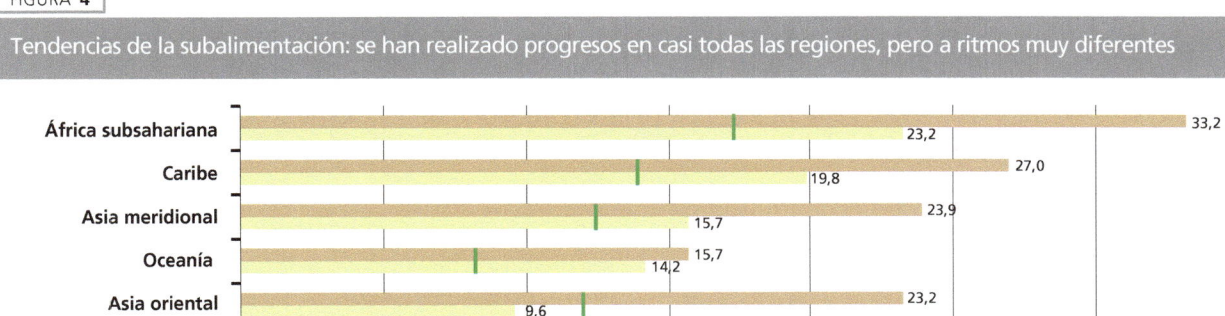

FIGURA **4**

Tendencias de la subalimentación: se han realizado progresos en casi todas las regiones, pero a ritmos muy diferentes

Porcentaje de personas subalimentadas

África subsahariana: 33,2 / 23,2
Caribe: 27,0 / 19,8
Asia meridional: 23,9 / 15,7
Oceanía: 15,7 / 14,2
Asia oriental: 23,2 / 9,6
Asia sudoriental: 30,6 / 9,6
Asia occidental: 6,4 / 8,4
Cáucaso y Asia central: 14,1 / 7,0
América Latina: 13,9 / <5,0
África septentrional: <5,0 / <5,0

■ 1990-92   ▢ 2014-16   ▎ Meta del ODM 1

Nota: Los datos relativos al período 2014-16 son estimaciones provisionales.
Fuente: FAO.

ha traducido plenamente en un aumento del consumo de alimentos, y menos aún en una mejora de las dietas en conjunto, lo que podría indicar que las personas pobres afectadas por el hambre no han conseguido beneficiarse demasiado del crecimiento general.

La mayoría de los países de Asia meridional, entre otros Afganistán, la India, Pakistán y Sri Lanka, han avanzado hacia la consecución de las metas internacionales relativas al hambre, aunque a un ritmo demasiado lento para alcanzar los objetivos de la CMA o de los ODM. Dado que estos países acogen una gran parte de la población de la región, son responsables del bajo rendimiento general (la India aún ocupa el segundo puesto en las estimaciones del número de personas subalimentadas en el mundo). Una excepción notable por lo que hace a los resultados es Bangladesh, donde se han registrado progresos más rápidos y ya se ha alcanzado la meta 1.C de los ODM, gracias también al completo marco nacional de políticas alimentarias aprobado a mediados de la década de 2000. Nepal, por su parte, no solo ha alcanzado la meta 1.C de los ODM, relativa al hambre, sino que casi ha llegado al umbral del 5 %. Otro país de la región, la República Islámica del Irán, ya ha reducido la prevalencia de la subalimentación a menos del 5 %, alcanzando así la meta 1.C de los ODM.

■ **Asia oriental y sudoriental: progresos rápidos y generalizados hacia las metas internacionales relativas al hambre**

Las subregiones que han tenido más éxito en la lucha contra el hambre han sido Asia oriental y Asia sudoriental. El número de personas subalimentadas en Asia oriental ha

disminuido de 295 millones en 1990-92 a 145 millones en 2014-16, lo que supone una reducción del 50,9 % (Cuadro 1, pág. 8). En este mismo intervalo, la prevalencia de la subalimentación cayó del 23,2 % a principios del período de seguimiento al 9,6 % en 2014-16, es decir, una reducción de más del 60 % (Figura 4).

En Asia sudoriental, el número de personas subalimentadas ha descendido de forma constante, desde 137,5 millones en 1990-92 hasta algo más de 60,5 millones en 2014-16, lo que equivale a una reducción global del 56 %. La prevalencia de la subalimentación se ha contraído en un notable 68,5 %, desde el 30,6 % de 1990-92 a menos del 10 % en 2014-16. La mayoría de los países de Asia sudoriental están avanzando rápidamente hacia las metas internacionales. Camboya, Filipinas, Indonesia, Malasia, Myanmar, la República Democrática Popular Lao, Tailandia y Viet Nam han contribuido a este resultado positivo. No hay ningún país en la región que no haya realizado progresos con respecto a las metas internacionales. En Brunei Darussalam y Malasia se ha reducido la prevalencia de la subalimentación hasta niveles inferiores al umbral del 5 %, lo que significa que están cerca de erradicar el hambre.

Como se analiza con más detalle en la sección "Seguridad alimentaria y nutrición: los motores del cambio" (págs. 27-46), una gran parte de los éxitos de Asia oriental y sudoriental se debe posiblemente al alto crecimiento económico general. A diferencia de Asia meridional, estas subregiones experimentaron un crecimiento más inclusivo, lo que quiere decir que más personas pobres y vulnerables han disfrutado de sus beneficios. El rápido crecimiento de la productividad agrícola experimentado desde la Revolución

Verde ha permitido aumentar la disponibilidad de alimentos y ha mejorado notablemente el acceso a ellos por parte de la población rural pobre.

Los éxitos de China en la reducción del hambre determinan los resultados generales en Asia oriental. Dicho país representa aproximadamente dos tercios del descenso en el número de personas subalimentadas registrado en las regiones en desarrollo entre 1990-92 y 2014-16. China y la República de Corea han alcanzado tanto la meta 1.C de los ODM, relativa al hambre, como el objetivo de la CMA. No obstante, dada la magnitud de su población, China continúa acogiendo a 134 millones de personas hambrientas según las estimaciones actuales y es el país que más personas subalimentadas cuenta entre sus habitantes. Las perspectivas de crecimiento continuado, la orientación cada vez mayor de la economía hacia el mercado nacional, la expansión de las oportunidades económicas en las zonas interiores del país y la creciente capacidad de los pobres de beneficiarse de estos avances han sido y continuarán siendo factores clave para la reducción del hambre. Debido a su tamaño, estas afirmaciones son aplicables al ámbito regional e influyen de forma notable en los resultados globales. La única excepción importante al progreso favorable de la región en términos generales es la República Democrática Popular de Corea, que sufre niveles siempre altos de subalimentación y muestra pocas perspectivas de solucionar sus problemas en un futuro cercano.

■ Cáucaso y Asia central: la recuperación rápida desde la transición a la economía de mercado posibilitó la consecución de las metas internacionales relativas al hambre

Los progresos en el Cáucaso y Asia central responden a una combinación de factores que incluyen el rápido crecimiento económico, la riqueza en recursos del entorno y las remesas de fondos. Tras una transición difícil a principios de la década de 1990, caracterizada con frecuencia por la inestabilidad política y la austeridad económica, las condiciones económicas han mejorado significativamente y la situación política se ha estabilizado. Este progreso se ha traducido en cargas del hambre más llevaderas en toda la región. Las estimaciones más recientes señalan un descenso constante de la prevalencia de la subalimentación, que se ha contraído desde el 14,1 % en 1990-92 hasta el 7,0 % en 2014-16 (Figura 4, pág. 15). El número de personas subalimentadas es mucho menor que en otras subregiones asiáticas, pues ascendía a 5,8 millones en 2014-16, en comparación con los 9,6 millones de 1990-92 (Cuadro 1, pág. 8).

El ritmo de los progresos ha sido suficiente para que tanto la región en su conjunto como la mayoría de los países puedan alcanzar la meta 1.C de los ODM, relativa al hambre. De hecho, la mayoría de los países han alcanzado niveles cercanos o inferiores al umbral del 5 % respecto de la prevalencia de la subalimentación. Armenia, Azerbaiyán, Georgia, Kirguistán y Turkmenistán han alcanzado el objetivo de la CMA, mientras

que Kazajstán y Uzbekistán han alcanzado la meta 1.C de los ODM, relativa al hambre. El único país rezagado es Tayikistán[13], cuyos progresos hacia la consecución de las metas internacionales son insuficientes y que está lastrado por una prevalencia de la subalimentación relativamente alta (33,2 % en 2014-16).

■ Asia occidental: sin progresos hacia las metas internacionales relativa al hambre pese a los bajos niveles de subalimentación en varios países

El panorama existente en Asia occidental, donde se pueden observar patrones muy diferentes, no resulta tan alentador. Algunos países, incluidos Iraq y Yemen, muestran niveles altos de inseguridad alimentaria y han progresado lentamente en la mejora de esta situación. Por el contrario, hace mucho tiempo que la mayoría de los demás países han alcanzado niveles sólidos de seguridad alimentaria tras reducir los niveles de subalimentación por debajo del 5 %. Se trata entre otros de países con economías políticamente estables y ricas en recursos, como Arabia Saudita, los Emiratos Árabes Unidos y Kuwait, junto con Jordania, Líbano y Omán; todos ellos han alcanzado la meta 1.C de los ODM, relativa al hambre. Kuwait y Omán también han alcanzado el objetivo de la CMA. El grupo comprende también países en rápido crecimiento y políticamente estables, como Turquía. En Iraq y Yemen, y en otros países de la región sobre los que no se dispone de información fiable, la inestabilidad política, la guerra y los conflictos civiles, así como la debilidad de las instituciones, son los principales factores subyacentes a la falta de progresos[14].

Asia occidental, pese a contar con un número de personas subalimentadas relativamente bajo, experimentó un aumento de la subalimentación durante el período de seguimiento: la prevalencia de la subalimentación aumentó en un 32,2 % entre 1990-92 y 2014-16, pasando del 6,4 % al 8,4 % (Figura 4, pág. 15). De forma paralela, el rápido crecimiento de la población ha provocado un aumento drástico del número de personas subalimentadas, de 8 millones a casi 19 millones. Por consiguiente, debido a la polarización de las situaciones entre los distintos países, la región en conjunto no ha avanzado en la consecución de ninguna de las metas internacionales relativas al hambre.

■ América Latina y el Caribe: se han alcanzado las metas internacionales relativas al hambre gracias a los rápidos progresos en América del Sur

En América Latina, la prevalencia de la subalimentación ha caído del 13,9 % en 1990-92 a menos del 5 % en 2014-16 (Figura 4, pág. 15). De forma paralela, el número de personas subalimentadas se redujo desde 58 millones hasta menos de 27 millones (Cuadro 1, pág. 8). Tal y como sucede en la mayoría de las regiones, se observan diferencias importantes entre los países y las subregiones. La subregión centroamericana, por ejemplo, ha registrado progresos mucho menores que América del Sur e, incluso, que América Latina en general. Mientras que en América del Sur se ha logrado reducir la subalimentación en más del 75 % y, finalmente, por debajo de la marca del 5 %, la prevalencia de la subalimentación en América central ha disminuido en un 38,2 % únicamente durante el período de seguimiento de los ODM.

Pese a la distinta evolución de las subregiones, América Latina ha superado ampliamente tanto la meta 1.C de los ODM como el objetivo de la CMA. En gran medida, los logros generales reflejan también los sólidos progresos de sus países más poblados. Los buenos resultados económicos generales, el crecimiento constante de la producción agrícola y la aplicación satisfactoria de políticas de protección social son algunos de los principales factores relacionados con los progresos en la región. La combinación de redes de seguridad con programas especiales para agricultores familiares y pequeños productores y el apoyo específico a grupos vulnerables, junto con intervenciones de seguridad alimentaria de amplio alcance como los programas de alimentación escolar, han contribuido significativamente a mejorar la seguridad alimentaria en la región. En el ámbito continental, los importantes compromisos que comenzaron en 2005 con la Iniciativa América Latina y el Caribe sin Hambre condujeron finalmente, a través de otras iniciativas, al Plan para la Seguridad Alimentaria, Nutrición y Erradicación del Hambre 2025 de la Comunidad de Estados Latinoamericanos y Caribeños (CELAC)[15], que fue adoptado por todos los países de la región en enero de 2015, durante su III Cumbre Presidencial.

Actualmente los índices de hambre se encuentran por debajo del umbral del 5 % en Argentina, Brasil, Chile, Costa Rica, México, la República Bolivariana de Venezuela y Uruguay, y el objetivo de reducción del hambre de la CMA se ha cumplido en Argentina, Brasil, Chile, Guyana, Nicaragua, Perú, la República Bolivariana de Venezuela y Uruguay. En total, 13 países de América Latina han alcanzado la meta 1.C de los ODM, relativa al hambre: además de los enumerados más arriba, el Estado Plurinacional de Bolivia, Guyana, Panamá, Perú y Suriname. Otros cuatro países, a saber, Colombia, Ecuador, Honduras y Paraguay, llevan camino de alcanzar la meta 1.C de los ODM durante los próximos años, si se mantienen las tendencias actuales. Aunque algunos países, como Guatemala o El Salvador, no parezcan estar en camino de conseguir las metas internacionales, ningún país de la región tiene una prevalencia de la subalimentación superior al 20 %.

El Caribe en conjunto, igual que América central, no ha alcanzado la meta 1.C de los ODM. Sin embargo, a diferencia de América central, la carga del hambre restante en casi todos los países del Caribe es menor y, por tanto, resulta más manejable. La prevalencia de la subalimentación ha caído del 27,0 % en 1990-92 al 19,8 % en 2014-16, lo que supone un descenso del 26,6 % en términos relativos. Pese a todo, muchos países del Caribe considerados individualmente han alcanzado las metas internacionales o, como mínimo, están a punto de hacerlo. Barbados, Cuba, la República Dominicana y San Vicente y las Granadinas han conseguido la meta 1.C de los ODM, relativa al hambre. De ellos, los tres últimos también han cumplido el objetivo de la CMA, más exigente. Jamaica y Trinidad y Tobago también están muy próximos a alcanzar la meta 1.C de los ODM. El retraso de la región en conjunto se debe a los graves problemas, que en gran parte continúan pendientes de resolver, de Haití, país afectado por catástrofes naturales recurrentes, caracterizado por el crecimiento aún lento de la disponibilidad de alimentos con respecto al crecimiento de la población y lastrado por una base de recursos cada vez más degradada y por una frágil economía nacional[16].

■ Oceanía

Los países en desarrollo de Oceanía han progresado con lentitud hacia la mejora de la seguridad alimentaria. La prevalencia general de la subalimentación en la región ha disminuido en menos del 10 % entre 1990-92 y 2014-16. Esto se corresponde con un aumento de 0,5 millones aproximadamente, es decir, del 50 %, del número de personas subalimentadas. Estos países son en general pequeños Estados insulares en desarrollo caracterizados por una gran dependencia de las importaciones de alimentos, por lo que la seguridad alimentaria de la mayoría de ellos puede resultar muy perjudicada por las perturbaciones externas, como la volatilidad internacional de los precios, los fenómenos meteorológicos adversos y los cambios repentinos en la disponibilidad de unos pocos pero importantes productos básicos, como el arroz. Las Islas del Pacífico se enfrentan a numerosas cargas de la malnutrición: pese a la lenta caída del hambre, el sobrepeso, la obesidad y, en consecuencia, las enfermedades no transmisibles, como la diabetes de tipo 2 y la cardiopatía coronaria, están causando cada vez mayores estragos en la situación económica y sanitaria de la región.

A diferencia de Vanuatu, varios países de la región de Oceanía analizados en el presente informe han alcanzado la meta 1.C de los ODM, relativa al hambre, como Fiji, las Islas Salomón, Kiribati y Samoa. Samoa también consiguió el objetivo más ambicioso de la CMA. La situación en Vanuatu se ha deteriorado drásticamente desde que el ciclón Pam azotó las islas en marzo de 2015[17]. Antes de este catastrófico fenómeno, el país había mostrado avances importantes en la reducción del hambre. En el caso de Papua Nueva Guinea, el país más poblado con diferencia de la región, no se ha podido realizar una valoración detallada debido a la falta de datos de referencia fiables. Pese a los progresos generales, hay una incertidumbre considerable sobre la situación nacional, ya que apenas se dispone de la información necesaria para obtener un cálculo fiable de la subalimentación. Los datos anecdóticos indican que la situación nacional en cuanto a seguridad alimentaria dista mucho de estar resuelta.

Conclusiones principales

- Según las estimaciones más recientes, aproximadamente 795 millones de personas de todo el mundo siguen estando subalimentadas, lo que supone 167 millones menos que en la década pasada y 216 millones menos que en 1990-92. Esto significa que, actualmente, un poco más de una de cada nueve personas en el mundo no puede consumir alimentos suficientes para llevar una vida activa y saludable.

- Unos 780 millones de personas, esto es, la gran mayoría de las personas hambrientas, viven en las regiones en desarrollo. En estas regiones, la prevalencia de la subalimentación ha descendido en un 44,4 % desde 1990-92, y ahora mismo representa el 12,9 % de la población total.

- El año 2015 marca el final del período de seguimiento de las metas relacionadas con el hambre de la Cumbre Mundial sobre la Alimentación (CMA) y los Objetivos de Desarrollo del Milenio (ODM). Las previsiones más recientes sugieren que, en conjunto, las regiones en desarrollo casi han alcanzado la meta 1.C de los ODM, relativa al hambre. Desde un punto de vista estadístico, la meta no se ha alcanzado por un pequeño margen, pero desde la perspectiva del desarrollo, la esencia del compromiso del ODM 1.C se ha conseguido, al menos a escala mundial. El objetivo de la CMA, por el contrario, ha quedado muy lejos de cumplirse. Se calcula que el número de personas subalimentadas supera en 285 millones aproximadamente la meta propuesta para 2015.

- Siguen existiendo grandes diferencias entre regiones. Algunas han hecho rápidos progresos en la reducción del hambre: tanto la meta 1.C de los ODM relacionada con el hambre como el objetivo más ambicioso de la CMA se han alcanzado en América Latina y en las regiones oriental y sudoriental de Asia. La meta 1.C de los ODM se ha alcanzado en el Cáucaso y Asia central y en las regiones septentrional y occidental de África. También se han producido avances en el Caribe, Oceanía, Asia meridional y el África austral y oriental, pero han sido demasiado lentos para lograr la meta 1.C de los ODM. Por último, el África central y el Asia occidental se están alejando de las metas relativas al hambre y han visto aumentar la proporción de personas subalimentadas en la población en comparación con el trienio 1990-92.

- De los 129 países en desarrollo objeto de seguimiento, un total de 72 han alcanzado la meta 1.C de los ODM, relativa al hambre. También han alcanzado el objetivo más ambicioso de la CMA 29 de ellos. Otros 12 países de los 72 que se considera que han alcanzado la meta 1.C de los ODM han mantenido la prevalencia de la subalimentación por debajo o muy cerca del 5 % desde 1990-92.

- La mayoría de los países que han alcanzado las metas internacionales relativas al hambre disfrutaban de condiciones políticas estables y crecimiento económico, además de políticas de protección social sólidas destinadas a los grupos de población vulnerables. En estos países, el compromiso de luchar contra la inseguridad alimentaria se tradujo en resultados satisfactorios pese a las dificultades que suponían el rápido crecimiento de la población, la volatilidad de los precios de los alimentos, los altos precios de los alimentos y la energía, el desempleo creciente y las recesiones económicas de finales de la década de 1990 y de los años posteriores a 2008.

- En varios de los países que no han podido alcanzar las metas internacionales en relación con el hambre, las catástrofes naturales, las provocadas por el hombre o la inestabilidad política, han generado una situación de crisis prolongada que ha imposibilitado la protección de los grupos de población vulnerables y el fomento de las oportunidades de ingresos para todos. En otros países, los beneficios del crecimiento económico no se han extendido a la población pobre, debido a la ausencia de políticas eficaces de protección social y redistribución de los ingresos. A corto plazo, la única forma de hacer frente a la inseguridad alimentaria es la intervención humanitaria. A medio y largo plazo, la erradicación del hambre solo podrá lograrse si todas las partes interesadas contribuyen a diseñar y promulgar políticas en aras de la mejora de las oportunidades económicas, la protección de los grupos vulnerables y la preparación ante los desastres. Las medidas adoptadas en los planos mundial y regional deberían tener en cuenta las particularidades nacionales y la exposición a las catástrofes naturales y provocadas por el hombre, especialmente en los pequeños Estados insulares en desarrollo.

Comparación de las tendencias de la subalimentación y la insuficiencia ponderal entre los niños

Los progresos hacia el logro de la meta de reducción del hambre de los ODM, o meta 1.C de los ODM, consistente en reducir a la mitad, entre 1990 y 2015, la proporción de personas que padecen hambre, se miden por medio de dos indicadores distintos: la prevalencia de la subalimentación, que vigila la FAO, y la prevalencia de la insuficiencia ponderal entre los menores de cinco años de edad, que vigilan el Fondo de las Naciones Unidas para la Infancia (UNICEF) y la Organización Mundial de la Salud (OMS). El final del período de seguimiento de los ODM no solo ofrece una buena oportunidad para observar la evolución de estos indicadores retrospectivamente y determinar las tendencias comunes, sino también para comprender las razones de las posibles divergencias entre ellos.

Deberían poder discernirse las tendencias comunes, ya que ambos indicadores fueron aprobados por la comunidad internacional para medir la meta relativa al hambre. No obstante, podrían surgir divergencias debido a los distintos métodos utilizados para recopilar datos[18] y las distintas dimensiones de la inseguridad alimentaria que se espera que reflejen.

Es importante comprender las distintas tendencias de los dos indicadores en las diferentes regiones y a lo largo del tiempo, dado que pueden ofrecer una perspectiva sobre la complejidad de la seguridad alimentaria y, posiblemente, dar lugar a intervenciones de políticas que estén mejor encaminadas. La insuficiencia ponderal puede deberse a una gran variedad de factores, no solo a una carencia de proteínas o calorías, sino también a falta de higiene, enfermedades o a un acceso limitado a agua limpia. Todos estos factores obstaculizan la capacidad del cuerpo de absorber los nutrientes de los alimentos y con el tiempo darán lugar a la manifestación de carencias nutricionales, como falta de crecimiento, emaciación o insuficiencia ponderal. Por este motivo, los dos indicadores no siempre reflejan el mismo problema subyacente. Cuando la carencia de alimentos suficientes es la causa principal de la insuficiencia ponderal, ambos indicadores deberían moverse a la par. En cambio, cuando predomina una mala alimentación, es probable que diverjan.

Si se considera a las regiones en desarrollo en su conjunto por todo el período de seguimiento de los ODM, los dos indicadores muestran una tendencia constante. De 1990 a 2013, la prevalencia de la insuficiencia ponderal entre los niños menores de cinco años pasó de 27,4 % a 16,6 %, es decir que se redujo en un 39,3 %, mientras que la prevalencia de la subalimentación descendió en un 44,5 % entre los períodos 1990-92 y 2014-16 (Cuadro 4 y Figura 5, págs. 20-21)[19]. La tasa de disminución anual es similar.

Patrones regionales

No siempre es evidente el avance paralelo de los dos indicadores en las regiones en desarrollo en su conjunto cuando el análisis se centra en regiones individuales. En algunas regiones ambos indicadores muestran distintas tasas de disminución (Cuadro 4). Por ejemplo, en el África subsahariana solo se mueven juntos en el caso de África oriental, mientras que difieren en la mayoría de las demás subregiones con el tiempo. En cambio, las tendencias de las subregiones de América Latina y el Caribe y Asia se mueven en gran medida de forma paralela. En el resto de la presente

Prevalencia de la subalimentación y prevalencia de la insuficiencia ponderal en niños menores de cinco años: progresos durante el período de seguimiento de los ODM

	Prevalencia de la subalimentación[1]			Prevalencia de la insuficiencia ponderal infantil[2]		
	Inicial	Final	Variación media anual	Inicial	Final	Variación media anual
	(%)			(%)		
REGIONES EN DESARROLLO	**23,3**	**12,9**	**– 2,4**	**27,4**	**16,6**	**– 2,1**
África	**27,6**	**20,00**	**– 1,3**	**22,8**	**17,0**	**– 1,3**
África septentrional	< 5	< 5	– 2,9	9,5	4,8	– 2,9
África subsahariana	33,2	23,2	– 1,5	28,5	21,1	– 1,3
África austral	7,2	5,2	– 1,4	11,9	12,1	0,1
África central	33,5	41,3	0,9	25,0	15,5	– 2,1
África occidental	24,2	9,6	– 3,8	26,1	20,5	– 1,0
África oriental	47,2	31,5	– 1,7	26,9	18,7	– 1,6
América Latina y el Caribe	**14,7**	**5,5**	**– 4,0**	**7,0**	**2,7**	**– 4,1**
América central	10,7	6,6	– 2,0	10,6	3,6	– 4,6
América del Sur	15,1	< 5	– 5,7	5,9	2,9	– 3,1
Caribe	27,0	19,8	– 1,3	8,1	3,2	– 3,9
Asia	**23,6**	**12,1**	**– 2,8**	**31,4**	**18,4**	**– 2,3**
Asia meridional	23,9	15,7	– 1,7	49,2	30,0	– 2,1
Asia occidental	6,4	8,4	1,3	13,0	5,4	– 3,8
Asia oriental	23,2	9,6	– 3,6	14,1	2,7	– 6,9
Asia sudoriental	30,6	9,6	– 4,7	30,4	16,6	– 2,6
Cáucaso y Asia central	14,1	7,0	– 2,9	9,3*	4,3	– 3,3
Oceanía	**15,7**	**14,2**	**– 0,4**	**18,5**	**18,9**	**0,1**

Notas:
[1] Los períodos inicial y final de seguimiento de la prevalencia de la subalimentación son 1990-92 y 2014-16, respectivamente. Los datos relativos al período 2014-16 son estimaciones provisionales.
[2] Los períodos inicial y final de seguimiento de la prevalencia de la insuficiencia ponderal infantil son 1990 y 2013, respectivamente.
* El período inicial de seguimiento en el Cáucaso y Asia central fue 1995.
Fuente: FAO y UNICEF/OMS/Banco Mundial.

sección se analizarán las divergencias y similitudes entre las tendencias.

■ África septentrional

Los indicadores de los ODM relativos al hambre captan bien los problemas de la región. Tanto la prevalencia de la subalimentación como la prevalencia de la insuficiencia ponderal entre los niños menores de cinco años muestran bajos niveles absolutos de inseguridad alimentaria, incluso inferiores a los de otras regiones en desarrollo. En particular, la prevalencia de la insuficiencia ponderal descendió rápidamente en el período examinado, con una disminución del 9,5 % al 4,8 %. Las condiciones de utilización de alimentos parecen favorables en la región y en 2012 más de un 90 % de la población tenía acceso a agua limpia e instalaciones de saneamiento mejoradas. La prevalencia de la subalimentación se ha mantenido por debajo del umbral del 5 % desde el período 1990-92 (Figura 6). Muchos países de la región cuentan con niveles de disponibilidad de calorías que no solo son suficientes, sino que son excesivas. Como en África occidental, donde gran parte del problema yace en dietas desequilibradas con demasiadas calorías provenientes de carbohidratos, que se derivan principalmente de cereales y azúcares. Las subvenciones para el consumo de alimentos, que se otorgan en varios países de África septentrional, han contribuido a mantener niveles bajos de subalimentación, pero han favorecido al mismo tiempo un consumo excesivo de alimentos con alto contenido energético, que pueden conducir a un aumento de los riesgos de enfermedades no transmisibles y obesidad.

■ África subsahariana

En el conjunto de la región, la subalimentación y la insuficiencia ponderal infantil proyectaban una larga sombra a principios de la década de 1990, cuando ambos indicadores superaban el 25 %. Desde entonces, la prevalencia de la subalimentación y la prevalencia de la

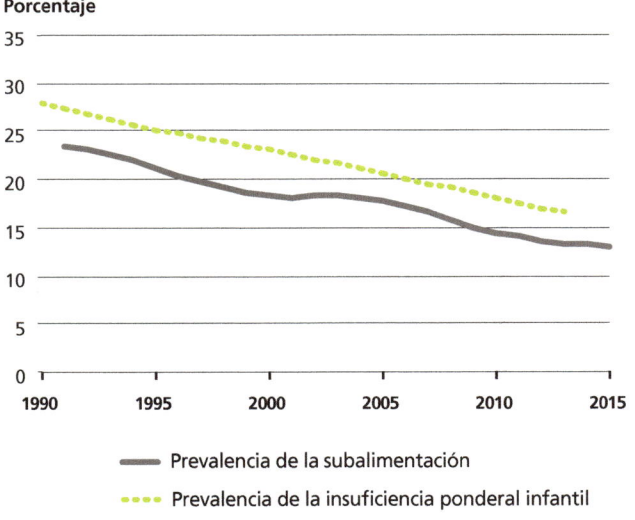

FIGURA **5**

Regiones en desarrollo: tendencias de la prevalencia de la subalimentación y la insuficiencia ponderal infantil

Notas: La prevalencia de la subalimentación indicada es el promedio de períodos de tres años centrados en los años indicados en el eje de abscisas. Así, por ejemplo, "2015" corresponde a la estimación relativa al período 2014-16.
Fuentes: FAO y UNICEF/OMS y Banco Mundial.

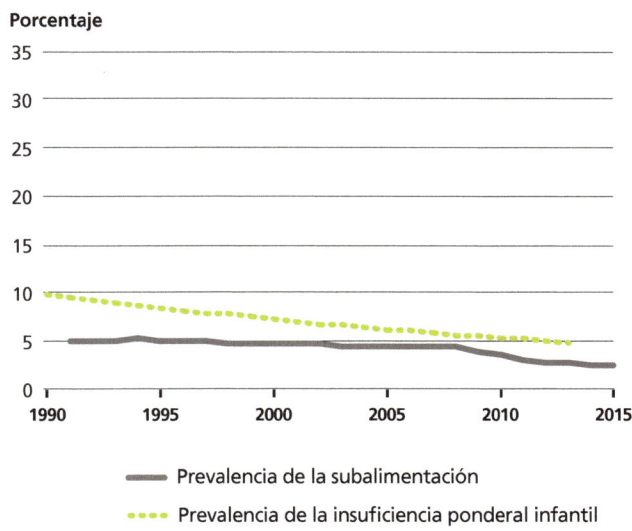

FIGURA **6**

África septentrional: tendencias de la prevalencia de la subalimentación y la insuficiencia ponderal infantil

Notas: La prevalencia de la subalimentación indicada es el promedio de períodos de tres años centrados en los años indicados en el eje de abscisas. Así, por ejemplo, "2015" corresponde a la estimación relativa al período 2014-16.
Fuentes: FAO y UNICEF/OMS y Banco Mundial.

insuficiencia ponderal entre los niños menores de cinco años han descendido a un ritmo igualmente lento (Figura 7).

Durante la década de 1990, el PIB per cápita disminuyó en varios países del África subsahariana, y el índice de desarrollo humano de la región era el más bajo del mundo[20]. Estos factores explican el descenso lento de la subalimentación, así como la debilidad de la inversión en infraestructuras y en la sanidad[21]. En promedio, en la década de 1990, solo una de cada cuatro personas tenía acceso a electricidad frente a un promedio mundial de una cada tres. Del mismo modo, solo había 0,15 médicos por cada 1.000 personas, en comparación con el promedio mundial de 1,3.

En la década de 2000, la situación de la seguridad alimentaria en el África subsahariana mejoró paulatinamente. Se reactivó el crecimiento económico en varios países, lo que dio lugar a una reducción de la prevalencia de la subalimentación, aunque quedaron sin tratarse desafíos importantes, en especial en lo que respecta a la calidad de las dietas y las condiciones higiénicas, que son deficientes en la región. Esta divergencia parece ser particularmente evidente en África occidental, donde la prevalencia de la subalimentación ha descendido en más de un 60 % desde el período 1990-92 debido a los progresos de países de gran tamaño, como Ghana y Nigeria. Con todo, estos cambios se debieron principalmente a una mayor disponibilidad de alimentos básicos, con lo que no se hizo frente a los desequilibrios dietéticos de la región. Si bien la prevalencia de la subalimentación en África occidental disminuyó con rapidez, la prevalencia de la insuficiencia ponderal entre los niños menores de cinco años se mantuvo tenazmente alta, en niveles superiores al 20 %.

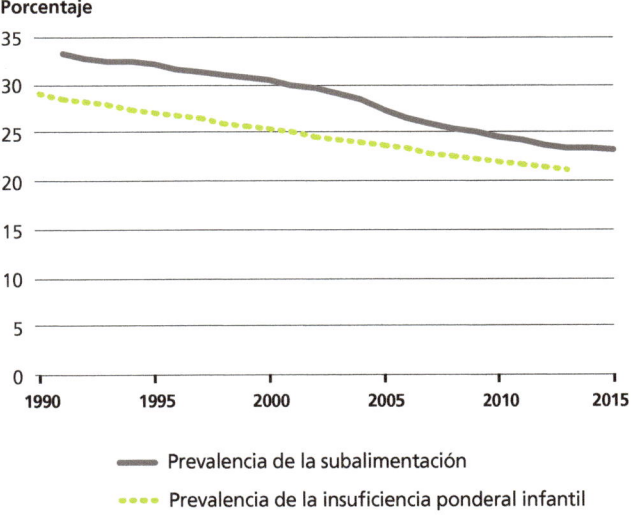

FIGURA **7**

África subsahariana: tendencias de la prevalencia de la subalimentación y la insuficiencia ponderal infantil

Notas: La prevalencia de la subalimentación indicada es el promedio de períodos de tres años centrados en los años indicados en el eje de abscisas. Así, por ejemplo, "2015" corresponde a la estimación relativa al período 2014-16.
Fuentes: FAO y UNICEF/OMS y Banco Mundial.

Los problemas del África subsahariana no solo ilustran el carácter multifacético de la seguridad alimentaria, sino que también sugieren que es preciso aplicar distintos enfoques a las distintas dimensiones para conseguir aumentar la seguridad alimentaria. Por ejemplo, es poco probable que la seguridad alimentaria en general pueda seguir mejorándose facilitando todavía más carbohidratos. Deberían adoptarse, en cambio, nuevas medidas centradas en la capacidad de las personas pobres de acceder a dietas equilibradas y en las condiciones de vida en general, a fin de prevenir efectos directos negativos para la salud, como la insuficiencia ponderal, la emaciación y el retraso del crecimiento en los niños.

■ Cáucaso y Asia central

En general, la región ha obtenido tasas bajas y ha logrado avances positivos en el tiempo respecto de ambos indicadores (Figura 8). Las transiciones económicas y políticas de principios de la década de 1990 y, posteriormente, la crisis económica de inicios de la década de 2000 solo parecen haber influido en la prevalencia de la subalimentación, que mostró una marcada oscilación en estos períodos. Ambos indicadores estaban moviéndose nuevamente en forma paralela a principios de la década de 2000 y las condiciones de vida estaban mejorando. En los últimos años, los niveles de la prevalencia de la insuficiencia ponderal entre los niños menores de cinco años se han mantenido por debajo del 5 % en la mayoría de los países, con la excepción de Tayikistán, donde permanece en alrededor del 15 %. Desde comienzos de la década de 1990, solo pocos países han presentado cada tanto valores por encima del 10 % por lo que respecta a este indicador. Al mismo tiempo, las perturbaciones derivadas de la transición prácticamente no afectaron a las condiciones generales de

salud e higiene en la región. La proporción de la población con acceso a agua limpia e instalaciones de saneamiento mejoradas ha sido siempre superior al 85 % y el 90 %, respectivamente, durante todo el período examinado. Estas condiciones, junto a la mejora de la nutrición experimentada durante la última década, explican una constante tendencia descendente de la prevalencia de la insuficiencia ponderal entre los menores de cinco años. Vale la pena resaltar que las altas tasas de pobreza registradas en la mayoría de los países se limitaron a períodos de tiempo relativamente cortos y no empeoraron significativamente la utilización de alimentos.

■ Asia oriental

Se observa un progreso rápido y constante de ambos indicadores en Asia oriental. Al principio del período examinado, la prevalencia de la subalimentación disminuyó un poco más velozmente que la prevalencia de la insuficiencia ponderal entre los niños menores de cinco años (Figura 9). Se registraron altibajos menores en el promedio de la prevalencia de la subalimentación en la región durante la década de 1990 y a principios de la década de 2000, mientras que la reducción de la subalimentación volvió a tomar impulso después de 2006.

El descenso más constante de la prevalencia de la insuficiencia ponderal entre los menores de cinco años puede explicarse por una firme mejora de las condiciones de higiene en varios países. Por ejemplo, el acceso a agua apta

FIGURA **8**

Cáucaso y Asia central: tendencias de la prevalencia de la subalimentación y la insuficiencia ponderal infantil

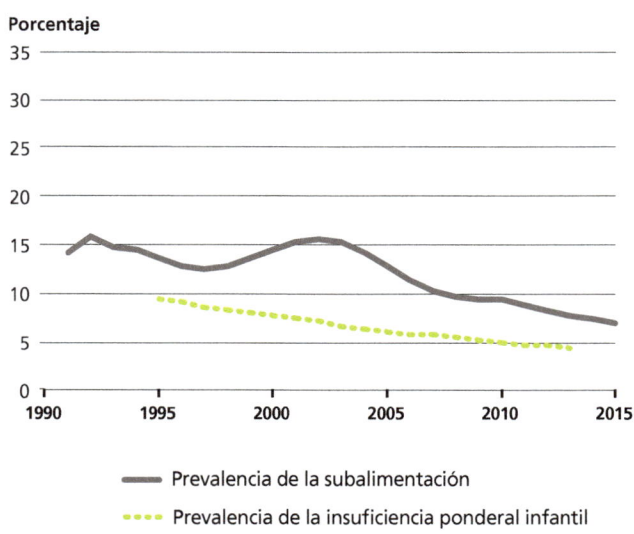

Porcentaje

Prevalencia de la subalimentación

···· Prevalencia de la insuficiencia ponderal infantil

Notas: La prevalencia de la subalimentación indicada es el promedio de períodos de tres años centrados en los años indicados en el eje de abscisas. Así, por ejemplo, "2015" corresponde a la estimación relativa al período 2014-16.
Fuentes: FAO y UNICEF/OMS y Banco Mundial.

FIGURA **9**

Asia oriental: tendencias de la prevalencia de la subalimentación y la insuficiencia ponderal infantil

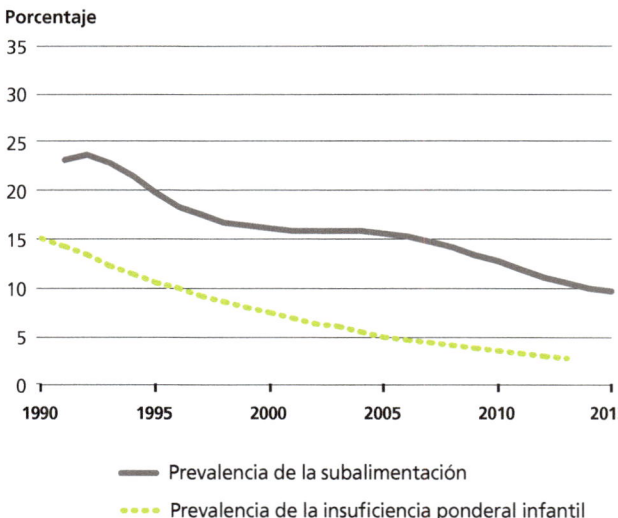

Porcentaje

Prevalencia de la subalimentación

···· Prevalencia de la insuficiencia ponderal infantil

Notas: La prevalencia de la subalimentación indicada es el promedio de períodos de tres años centrados en los años indicados en el eje de abscisas. Así, por ejemplo, "2015" corresponde a la estimación relativa al período 2014-16.
Fuentes: FAO y UNICEF/OMS y Banco Mundial.

para el consumo aumentó en un 37 % en el período examinado, mientras que el acceso a instalaciones de saneamiento mejoradas se ha incrementado en un 153 % desde principios de la década de 1990. Estos factores han tenido un fuerte efecto positivo en la utilización de alimentos y respaldan los bajos niveles de la prevalencia de la insuficiencia ponderal entre los menores de cinco años y su rápido mejoramiento con el tiempo.

Asia meridional

Asia meridional es la región donde la prevalencia de la insuficiencia ponderal entre los niños menores de cinco años ha alcanzado los niveles más altos en términos históricos, pero también es donde se han realizado rápidos avances en la reducción de la insuficiencia ponderal entre los niños pequeños. La prevalencia de la insuficiencia ponderal infantil disminuyó de un 49,2 % en 1990 a un 30,0 % en 2013, esto es, una reducción del 39,0 % en el período de seguimiento de los ODM (Cuadro 4, pág. 20). En cambio, la prevalencia de la subalimentación en Asia meridional en general se redujo en menor medida, dando lugar a una convergencia entre los dos indicadores con el tiempo (Figura 10).

Cada vez existen más pruebas que contribuyen a explicar el descenso relativamente veloz de la prevalencia de la insuficiencia ponderal entre los niños menores de cinco años. Numerosos países de la región han experimentado un sólido crecimiento económico en los últimos 25 años que ha permitido reducir las tasas de pobreza. Si bien el constante descenso de la insuficiencia ponderal infantil concuerda con la disminución de la pobreza, la subalimentación solo se redujo del 23,9 % al 15,7 % entre los períodos 1990-92 y 2014-16. Este patrón distinto se debe principalmente a la India, el país que afecta más directamente al panorama regional como resultado de su gran población. Las explicaciones sobre la incoherencia entre el consumo de alimentos y los niveles de ingresos en la India varían desde las crecientes desigualdades hasta la falta de datos y los desafíos que plantea captar las cambiantes necesidades energéticas de la población[22]. No obstante, el rompecabezas parece que sigue sin tener solución y, como se observa en la sección anterior, el consumo de calorías es inferior a lo que sugerirían los ingresos per cápita y las tasas de pobreza.

Tras los progresos realizados en la reducción de la prevalencia de la insuficiencia ponderal entre los niños menores de cinco años, cabe destacar un mejor acceso a agua apta para el consumo y a instalaciones de saneamiento y, como consecuencia de ello, mejores condiciones sanitarias y de higiene. Por ejemplo, el acceso de las familias a instalaciones de saneamiento mejoradas estuvo cerca de duplicarse, pasando de un 23 % a un 42 % entre 1990 y 2012. En el mismo período, el acceso al agua apta para el consumo ascendió de un 73 % a un 91 %. Además, es

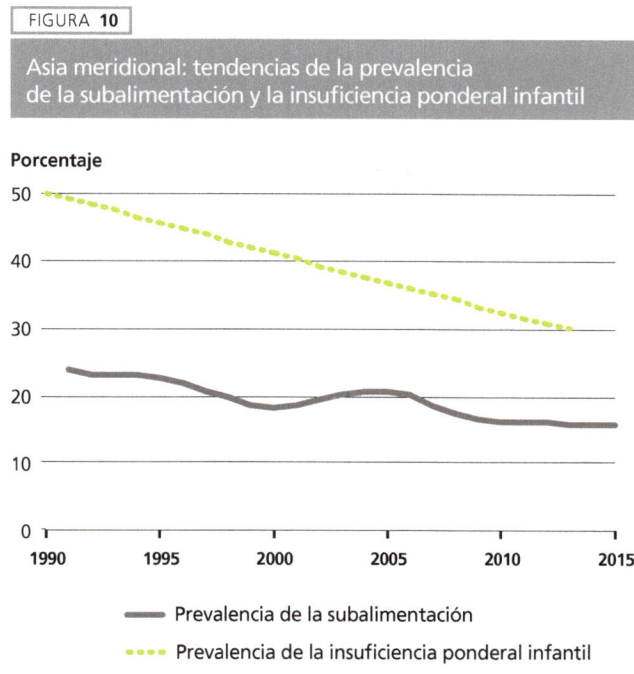

FIGURA 10

Asia meridional: tendencias de la prevalencia de la subalimentación y la insuficiencia ponderal infantil

Porcentaje

— Prevalencia de la subalimentación

···· Prevalencia de la insuficiencia ponderal infantil

Notas: La prevalencia de la subalimentación indicada es el promedio de períodos de tres años centrados en los años indicados en el eje de abscisas. Así, por ejemplo, "2015" corresponde a la estimación relativa al período 2014-16.
Fuentes: FAO y UNICEF/OMS y Banco Mundial.

probable que en países clave de la región los programas de nutrición bien encaminados, dirigidos a niños pequeños, mujeres embarazadas y mujeres en edad reproductiva, hayan contribuido al rápido descenso de la prevalencia de la insuficiencia ponderal entre los niños menores de cinco años. Entre los ejemplos cabe destacar, entre otros, el Plan integrado para el desarrollo del niño, que se ejecuta en la India desde 1975, y el Programa integrado de nutrición del Bangladesh, financiado por el Banco Mundial. A pesar de la rápida disminución de la prevalencia de la insuficiencia ponderal entre los niños menores de cinco años, el indicador todavía era bastante superior a los de otras subregiones asiáticas, lo cual sugiere que pueden lograrse avances mucho mayores en el futuro si se combinan intervenciones de políticas que mejoren tanto la disponibilidad de alimentos como su utilización.

Asia sudoriental

Asia sudoriental es una de las regiones que mostró progresos más rápidos en relación con los siete primeros ODM. Esto también es cierto por lo que se refiere a la meta de reducción del hambre de acuerdo con las mediciones de ambos indicadores. Tanto la subalimentación como la insuficiencia ponderal infantil estaban por encima del 30 % al inicio del período examinado (Figura 11), pero la prevalencia de la subalimentación descendió con mayor rapidez en la década de 2000, lo cual estaría en consonancia con la opinión de que las intervenciones de políticas cuya finalidad es mejorar las condiciones de higiene —por ejemplo, a través de infraestructuras de agua y saneamiento— normalmente requieren mayores inversiones en comparación con las que se destinan a aumentar la disponibilidad de alimentos. La prevalencia de la insuficiencia ponderal entre los niños menores de cinco años disminuyó con rapidez en la región, pero sigue estando por encima del 20 % en más de un país. Se han logrado rápidos avances en la mejora de las condiciones de higiene y el 71 % de la población tiene acceso a instalaciones de saneamiento mejoradas[23]. En vista de las buenas perspectivas de crecimiento de la región, se prevé que podrán lograrse mayores progresos, siempre y cuando se mejoren las dietas de los grupos de población pobre y se garantice un mayor acceso a agua limpia y a instalaciones de saneamiento por medio de las intervenciones.

■ Asia occidental

Asia occidental muestra un patrón único de cambio. Mientras que la prevalencia de la subalimentación se ha incrementado desde principios de la década de 1990, reflejando la inestabilidad política de numerosos países, la prevalencia de la insuficiencia ponderal entre los niños menores de cinco años ha seguido disminuyendo. La insuficiencia ponderal infantil se sitúa en un nivel bajo prácticamente en toda la región, si bien la escasez de datos disponibles indica una proporción alta en el Yemen —bastante superior al 20 %— y en menor medida en otros

países, como Iraq y Siria, donde la información correspondiente a la década de 2000 apunta a niveles cercanos al 10 %. Por lo general, las condiciones de higiene en la región son buenas y en 2012 más del 90 % de la población tenía acceso a fuentes de agua limpia y el 88 % tenía acceso a instalaciones de saneamiento mejoradas. El aumento de la prevalencia de la subalimentación, como se muestra en la sección anterior, refleja los problemas políticos y sociales, junto a las guerras y conflictos civiles en un número limitado de países de la región, que han dado origen a grandes poblaciones de migrantes y refugiados (Figura 12).

■ América Latina y el Caribe

En la región en su conjunto los dos indicadores relativos al hambre han convergido con el tiempo, a un ritmo más veloz después del año 2000, cuando se aceleraron los progresos en la reducción de la prevalencia de la subalimentación. La prevalencia de la subalimentación, estimada en un 14,7 % en el período 1990-92, ha descendido al 5,5 % en 2014-16, mientras que la prevalencia de la insuficiencia ponderal entre los niños menores de cinco años ha disminuido de un 7,0 % a un 2,7 % en el mismo período (Figura 13). Esta última es normalmente baja, con pocas excepciones. Dentro de la región, América central sigue siendo la zona más problemática, donde prácticamente no se registró ninguna mejora en el período de seguimiento de los ODM. En América central la prevalencia de la subalimentación y la prevalencia de la insuficiencia ponderal entre los niños

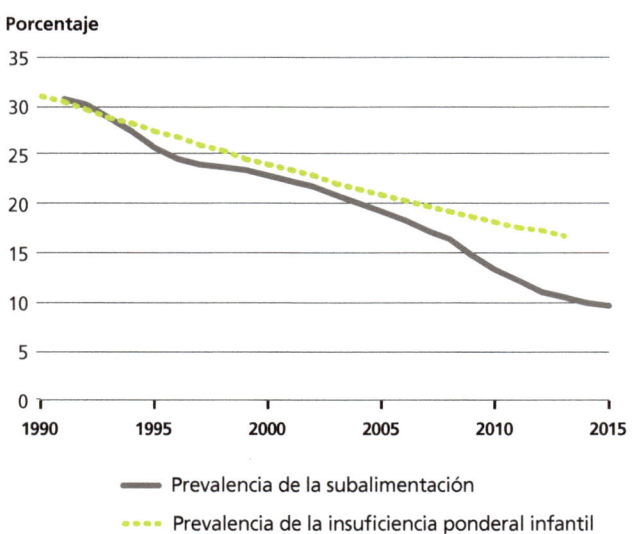

FIGURA **11**

Asia sudoriental: tendencias de la prevalencia de la subalimentación y la insuficiencia ponderal infantil

Porcentaje

— Prevalencia de la subalimentación

···· Prevalencia de la insuficiencia ponderal infantil

Notas: La prevalencia de la subalimentación indicada es el promedio de períodos de tres años centrados en los años indicados en el eje de abscisas. Así, por ejemplo, "2015" corresponde a la estimación relativa al período 2014-16.
Fuentes: FAO y UNICEF/OMS y Banco Mundial

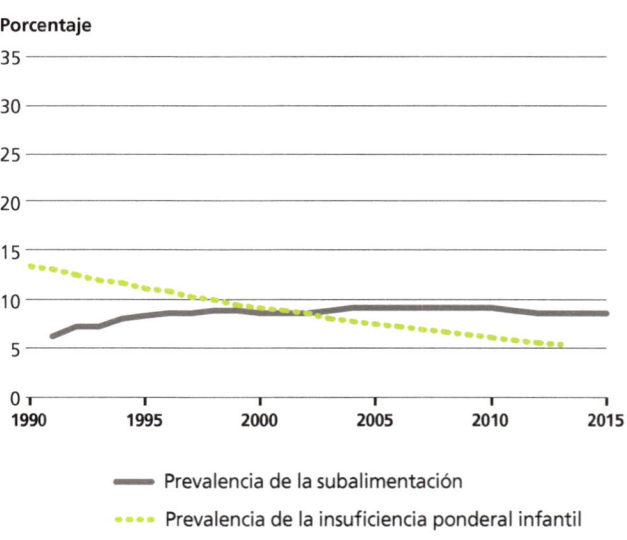

FIGURA **12**

Asia occidental: tendencias de la prevalencia de la subalimentación y la insuficiencia ponderal infantil

Porcentaje

— Prevalencia de la subalimentación

···· Prevalencia de la insuficiencia ponderal infantil

Notas: La prevalencia de la subalimentación indicada es el promedio de períodos de tres años centrados en los años indicados en el eje de abscisas. Así, por ejemplo, "2015" corresponde a la estimación relativa al período 2014-16.
Fuentes: FAO y UNICEF/OMS y Banco Mundial.

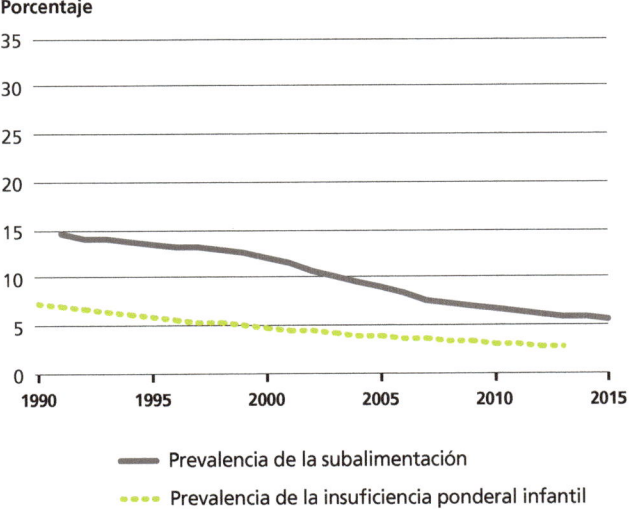

FIGURA **13**

América Latina y el Caribe: tendencias de la prevalencia de la subalimentación y la insuficiencia ponderal infantil

Porcentaje

— Prevalencia de la subalimentación

···· Prevalencia de la insuficiencia ponderal infantil

Notas: La prevalencia de la subalimentación indicada es el promedio de períodos de tres años centrados en los años indicados en el eje de abscisas. Así, por ejemplo, "2015" corresponde a la estimación relativa al período 2014-16.
Fuentes: FAO y UNICEF/OMS y Banco Mundial.

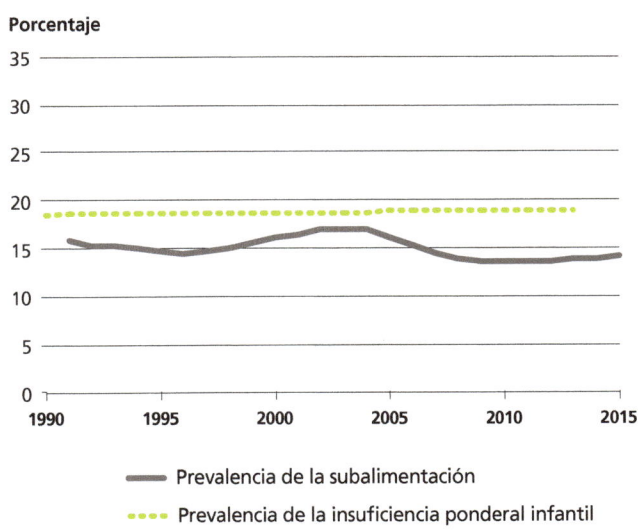

FIGURA **14**

Oceanía: tendencias de la prevalencia de la subalimentación y la insuficiencia ponderal infantil

Porcentaje

— Prevalencia de la subalimentación

···· Prevalencia de la insuficiencia ponderal infantil

Notas: La prevalencia de la subalimentación indicada es el promedio de períodos de tres años centrados en los años indicados en el eje de abscisas. Así, por ejemplo, "2015" corresponde a la estimación relativa al período 2014-16.
Fuentes: FAO y UNICEF/OMS y Banco Mundial.

menores de cinco años se hallaban en niveles parecidos a principios de la década de 1990 (aproximadamente un 11 % de la población) y ambos indicadores han mostrado pocos avances desde entonces. En los últimos tiempos se ha notificado una proporción mayor al 10 % en Haití, donde el indicador ha disminuido desde comienzos de la década de 1990, cuando superaba el 20 %. En años recientes se han notificado valores relativamente altos también en Guatemala, Guyana y Honduras, si bien estos no superan el 15 %.

Los progresos realizados por ambos indicadores se deben al crecimiento económico combinado con un compromiso más sólido con la protección social, en especial en la última década. Muchos países han otorgado a la erradicación del hambre y la malnutrición una elevada prioridad política. A nivel continental, en 2005 con la Iniciativa América Latina y el Caribe sin Hambre se pusieron en marcha importantes compromisos que, por medio de varias otras iniciativas, con el tiempo llevaron, en enero de 2013, a la *Declaración de Santiago de la Comunidad de Estados Latinoamericanos y Caribeños*. A pesar de los progresos realizados, siguen existiendo importantes desafíos. Numerosos países registran crecientes tasas de sobrepeso y obesidad y, en consecuencia, una prevalencia cada vez mayor de enfermedades no transmisibles.

■ Oceanía

La región se caracteriza por elevadas tasas de insuficiencia ponderal entre los niños. Sin progresos en más de 25 años, hoy en día la prevalencia de la insuficiencia ponderal entre

los niños menores de cinco años no está lejos de los niveles preponderantes en muchas partes del África subsahariana. También se observan lentos progresos en cuanto a la prevalencia de la subalimentación (Figura 14). Las tendencias comunes a ambos indicadores sugieren factores subyacentes relacionados, en especial la escasa disponibilidad de alimentos y la falta de diversidad alimentaria. En muchos Estados insulares en desarrollo de la región, la variedad de nutrientes disponible y adquirida es algo limitada.

Los lentos progresos respecto del aumento del acceso a agua apta para el consumo y a instalaciones de saneamiento mejoradas también han contribuido a que no se avanzara en la reducción de la inseguridad alimentaria. Solo un 55 % de los hogares de la región tiene acceso a agua potable sana, mientras que apenas un 35 % tiene acceso a instalaciones de saneamiento mejoradas. Varios indicadores que miden los factores subyacentes sugieren incluso un cierto deterioro de la situación. Mientras el acceso al agua apta para el consumo ha mejorado solo en un 12 % desde principios de la década de 1990, ha empeorado el acceso a instalaciones de saneamiento en, aproximadamente, un 1 % anual en el mismo período.

Además, la región padece un problema de malnutrición que ninguno de los dos indicadores logra captar bien, a saber, una coexistencia cada vez mayor de desnutrición e hipernutrición. Un factor contribuyente a la hipernutrición ha sido la "occidentalización" de los hábitos de consumo alimentario, que se asocia a una creciente prevalencia del sobrepeso y la obesidad.

Conclusiones principales

- En el mundo en su conjunto, los indicadores del ODM 1 relativos a la prevalencia de la subalimentación y la prevalencia de la insuficiencia ponderal entre los menores de cinco años han evolucionado fundamentalmente en paralelo, emitiendo un mensaje coherente en lo que respecta al logro de la meta de reducción del hambre. Sin embargo, a nivel regional han surgido divergencias notables, que a menudo han persistido. Con frecuencia estas diferencias pueden explicarse por el distinto ritmo de los progresos en cuanto a la mejora de la calidad de las dietas y de las condiciones de higiene y acceso a agua limpia. Estos factores afectan a la capacidad de las personas para lograr una buena nutrición de los alimentos que consumen.

- Se prevé que la insuficiencia ponderal infantil se reducirá a un ritmo más lento que la subalimentación, dado que las mejores condiciones de higiene, el acceso a agua limpia y las dietas más variadas normalmente requieren más inversiones y más tiempo para materializarse de lo que requiere un aumento de la disponibilidad de calorías. Este ha sido el caso de Asia sudoriental, donde la subalimentación ha disminuido a un ritmo más rápido que la insuficiencia ponderal infantil, en especial a lo largo de la década de 2000, lo cual indica que todavía puede mejorarse la calidad de la dieta, en particular de los grupos más

pobres de la población. Se observa una situación similar en África septentrional, donde las dietas ricas en carbohidratos mantienen la subalimentación bajo control, pero la falta de calidad y diversidad de la dieta ha empujado la malnutrición infantil hasta niveles relativamente elevados.

- A pesar de mostrar una reducción rápida, de todas las regiones en desarrollo Asia meridional es la región donde la prevalencia de la insuficiencia ponderal infantil siempre ha sido más elevada. Factores como problemas de salud o la falta de condiciones higiénicas han ralentizado los avances en pos de mejorar la seguridad alimentaria en general. Es posible que estos factores merezcan más atención en los esfuerzos futuros para aumentar la seguridad alimentaria a nivel nacional.

- En el África subsahariana, los progresos para reducir tanto la subalimentación como la insuficiencia ponderal infantil han sido limitados. Esto sugiere que, para poder hacer progresos significativos con vistas a mejorar la seguridad alimentaria, es preciso abordar todos los aspectos de esta: desde garantizar la disponibilidad de más alimentos de mayor calidad y el acceso a ellos hasta mejorar las condiciones de higiene y el acceso a agua limpia.

Seguridad alimentaria y nutrición: los motores del cambio

En el año 2000, los dirigentes mundiales se reunieron y aprobaron la Declaración del Milenio de las Naciones Unidas. Posteriormente, se establecieron los ocho Objetivos de Desarrollo del Milenio (ODM); el primero de ellos consistía en reducir las tasas de hambre y pobreza extrema a la mitad, lo que reflejaba el compromiso mundial para mejorar las vidas de miles de millones de personas.

Faltan seis meses para que termine 2015, el plazo fijado para lograr la mayoría de las metas de los ODM, incluida la meta en relación con el hambre, la meta 1.C, que se ha medido siempre a través del indicador de prevalencia de la subalimentación. Como se muestra en el presente informe, desde el período 1990-92 se ha rescatado del hambre a más de 216 millones de personas: hasta la fecha, 72 países ya han alcanzado la meta 1.C de los ODM, relativa al hambre, y a otros nueve les falta poco para lograrlo. De estos, 12 países en desarrollo ya tenían tasas de subalimentación por debajo del 5 % en el período 1990-92. Paralelamente, 29 países han cumplido el objetivo más ambicioso de la Cumbre Mundial sobre la Alimentación (CMA) de 1996, consistente en reducir a la mitad el número de personas que sufren subalimentación crónica (cuadros 2 y 3, págs. 13-14).

Para avanzar hacia la consecución de las metas relativas a la seguridad alimentaria y la nutrición, es preciso que haya alimentos disponibles, que estos sean accesibles y que su cantidad y calidad sean suficientes para garantizar buenos resultados nutricionales. Una nutrición adecuada contribuye al desarrollo humano, ayuda a las personas a desarrollar su potencial al máximo y aprovechar las oportunidades que ofrece el proceso de desarrollo. Como se ha señalado en ediciones anteriores de este informe (2010, 2012 y 2014), todas las dimensiones de la seguridad alimentaria resultan favorecidas por una buena gobernanza, estabilidad política y el Estado de derecho, así como por la ausencia de conflictos y desórdenes internos, perturbaciones causadas por las condiciones meteorológicas o una excesiva volatilidad de los precios de los alimentos.

En esta sección se estudian una serie de factores que permiten avanzar hacia la consecución de las metas en materia de seguridad alimentaria y nutrición. La lista de factores —el crecimiento económico, el crecimiento de la productividad

agrícola, los mercados (incluido el comercio internacional) y la protección social— no es en absoluto exhaustiva. En la presente sección también se muestra cómo las situaciones de crisis prolongada tienen efectos nocivos en los progresos con miras a reducir el hambre. Un análisis cuantitativo preliminar, basado en datos del período 1992-2013, ha ayudado a identificar estos motores del cambio y su importancia relativa para conformar los progresos en la lucha contra el hambre[24].

El crecimiento económico es fundamental en la lucha contra el hambre: los países que se enriquecen son menos susceptibles a la inseguridad alimentaria. En economías de rápido crecimiento, los responsables de la formulación de políticas han incrementado la capacidad y los recursos que se dedican a mejorar la seguridad alimentaria y la nutrición. Pero esto no siempre es así. El crecimiento económico, si bien es una condición necesaria para avanzar en la reducción del hambre y la pobreza, en especial de cara a una población en aumento, no es suficiente. Es el crecimiento *inclusivo* el que representa la diferencia, es decir, el crecimiento que promueve un acceso equitativo a los alimentos, los activos y los recursos, en particular en favor de las personas pobres y las mujeres, de modo que los individuos puedan explotar su potencial[25].

En todo el mundo en desarrollo, la mayoría de los pobres y las personas que padecen hambre vive en las zonas rurales, donde la agricultura familiar y a pequeña escala es un modo prevalente, aunque no universal, de organización agrícola. Si bien la capacidad de la agricultura familiar y a pequeña escala para estimular el crecimiento a través de una mayor productividad varía notablemente, la función que desempeña para reducir la pobreza y el hambre es fundamental. El crecimiento de la agricultura familiar y a pequeña escala, por medio de un incremento de la mano de obra y la productividad de la tierra, tiene efectos positivos significativos en los medios de vida de los pobres debido a la mayor disponibilidad de alimentos e ingresos que genera.

Los vínculos entre la seguridad alimentaria y el comercio internacional son complejos y específicos en función del contexto. Las políticas que afectan a las exportaciones e importaciones de alimentos contribuyen a determinar los precios, salarios e ingresos relativos en el mercado nacional y, por consiguiente, determinan la capacidad de las personas

pobres de acceder a los alimentos. El comercio en sí no es ni una amenaza ni una panacea cuando de seguridad alimentaria se trata. Las oportunidades y los riesgos para la seguridad alimentaria asociados con la apertura comercial deberían evaluarse con cuidado y abordarse por medio de un conjunto ampliado de instrumentos políticos.

Los sistemas de protección social han pasado a ser una herramienta importante de lucha contra el hambre. Más de un centenar de países ejecutan programas de transferencia de efectivo incondicional o condicional que hacen hincapié en promover la seguridad alimentaria y la nutrición, la salud y la educación, en particular de los niños. Los planes de distribución de alimentos y los programas de garantía de empleo también revisten gran importancia. La ampliación de la protección social en todo el mundo en desarrollo ha sido crucial para avanzar hacia el logro de la meta 1.C de los ODM, relativa al hambre. A menudo realizar transferencias de dinero a los hogares pobres de forma periódica y predecible desempeña un papel fundamental para cubrir déficits alimenticios inmediatos, pero también puede contribuir a mejorar las vidas y los medios de subsistencia de los pobres al aliviar las limitaciones de su

capacidad productiva. Combinar la protección social con medidas complementarias de desarrollo agrícola, como sucede con el programa Compras a los africanos para África, que conecta a agricultores familiares y a pequeña escala, con programas de alimentación escolar, puede incrementar al máximo el efecto de reducción de la pobreza de estos programas.

En 1990 solo 12 países africanos se enfrentaban a crisis alimentarias, de las que solo cuatro eran crisis prolongadas[26]. Solo 20 años después, un total de 24 países atravesaban crisis alimentarias, de los cuales 19 habían estado en crisis por ocho años o más en los últimos 10 años. La inseguridad alimentaria puede ser tanto una causa como un efecto de las crisis prolongadas y un determinante para provocar o intensificar conflictos y desórdenes internos, por lo que se encuentra cada vez más en la raíz de situaciones de crisis prolongada. Los efectos de los conflictos en la seguridad alimentaria pueden ser más drásticos que el efecto directo de la guerra, y la mortalidad generada por la inseguridad alimentaria y la escasez de alimentos debidos a un conflicto puede superar con creces las muertes causadas directamente por la violencia[27].

El crecimiento económico y los avances hacia la consecución de las metas relativas a la seguridad alimentaria y la nutrición

El crecimiento económico es necesario para aliviar la pobreza y reducir el hambre y la malnutrición; también es crucial para incrementar el empleo y los ingresos de manera sostenible, en especial en países de bajos ingresos. En promedio, desde principios de la década de 1990 y hasta 2013 (gran parte del período de seguimiento de los ODM), la producción mundial per cápita aumentó en un 1,3 % anual. Las economías de países de ingresos bajos y medianos —incluidos todos los países en desarrollo— crecieron más rápidamente, a razón de un 3,4 % al año. No obstante, estas cifras enmascaran una notable variación del desempeño del crecimiento económico en todas las regiones y países.

La relación entre el crecimiento económico y el hambre es compleja. El crecimiento económico incrementa los ingresos de los hogares gracias a salarios más elevados, mayores oportunidades de empleo, o ambas cosas, debido a una mayor demanda de mano de obra. En una economía en crecimiento, más integrantes de la familia pueden encontrar trabajo y generar ingresos. Esto es esencial para mejorar la seguridad alimentaria y la nutrición y contribuye a un círculo virtuoso, ya que una mejor nutrición fortalece las

capacidades y productividad humanas, lo cual conduce a un mejor rendimiento económico. Con todo, la cuestión aquí es si las personas que viven en condiciones de extrema pobreza y se ven más afectadas por el hambre tienen o no la posibilidad de participar en los beneficios del crecimiento y, de tenerla, si podrán sacar provecho de ello.

En promedio, desde el período 1990-92, el crecimiento económico en todo el mundo en desarrollo ha traído consigo una reducción sólida y persistente del hambre. Esto es evidente cuando el producto interior bruto (PIB) per cápita se traza frente a la prevalencia de la subalimentación (Figura 15, pagina 29). El aumento de los ingresos de los pobres se asocia a una mayor ingesta de energía alimentaria y otros nutrientes. No obstante, a más largo plazo, a medida que crecen las economías y los países se enriquecen, esta relación se debilita: un incremento del PIB puede sacar del hambre relativamente a menos personas (en la Figura 15, la línea que refleja la relación entre el crecimiento económico y la prevalencia de la subalimentación fue más pronunciada en 1992 que en 2010). Entre los primeros casos de éxito se encuentra Ghana, que ha registrado tasas medias de

FIGURA **15**

Crecimiento económico y prevalencia de la subalimentación, 1992, 2000 y 2010

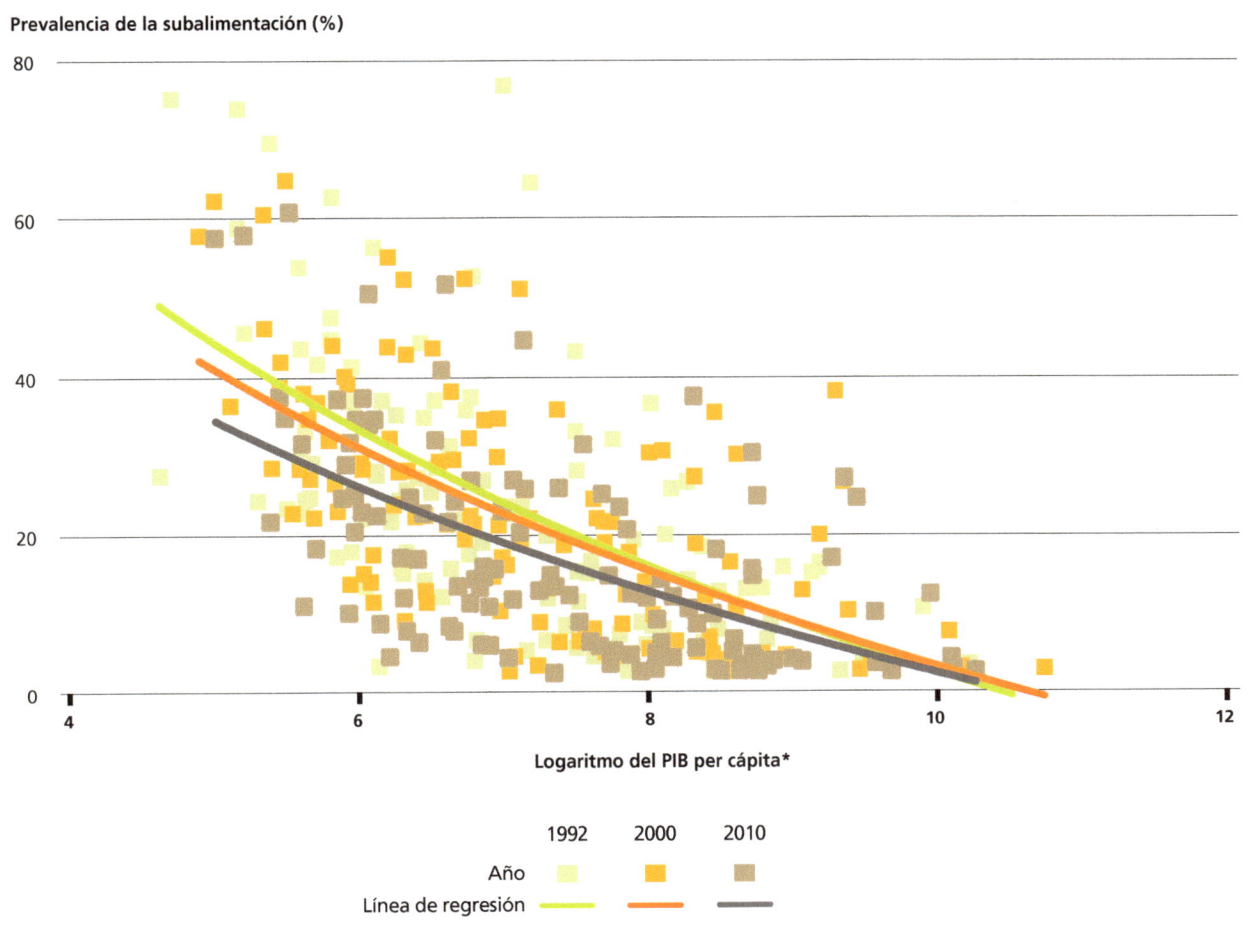

Prevalencia de la subalimentación (%)

Logaritmo del PIB per cápita*

	1992	2000	2010
Año			
Línea de regresión			

* Expresado en dólares constantes de los Estados Unidos de 2005.
Fuentes: FAO y Banco Mundial.

crecimiento anual de más del 3 % y excelentes tasas de reducción del hambre: la prevalencia de la subalimentación en el país disminuyó del 47 % en el período 1900-92 a menos del 5 % en el período 2012-14 (Recuadro 1, pág. 31).

En varios casos, los efectos positivos del crecimiento económico en la seguridad alimentaria y la nutrición están relacionados con una mayor participación de la mujer en la mano de obra. En el Brasil, por ejemplo, la participación de la mujer en la mano de obra se incrementó de un 45 % en el período 1990-94 a un 60 % en 2013. En Costa Rica, la proporción de trabajadoras aumentó en un 23 % entre 2000 y 2008. Normalmente las mujeres gastan más en inversiones en favor de la alimentación y la nutrición del hogar, pero también en salud, saneamiento y educación, en comparación con los casos en que los hombres controlan los recursos[28].

Sin embargo, no todos los países que experimentaron un gran crecimiento económico lograron buenos resultados en lo relativo a la reducción del hambre. Algunos países hicieron progresos satisfactorios hacia la consecución de las metas internacionales de reducción del hambre, mientras que otros experimentaron retrocesos. En general, los avances que traducen el crecimiento económico en mejoras de la seguridad alimentaria han sido desiguales.

■ Crecimiento económico inclusivo y reducción de la pobreza

En conjunto, se ha avanzado con mayor rapidez en el alivio de la pobreza que en la lucha contra el hambre. Esto se debe a que las personas que padecen hambre son las más pobres de los pobres y no tienen, o tienen muy poco, acceso a activos físicos y financieros, cuentan con una educación escasa (o carecen de ella) y, a menudo, tienen problemas de salud. Los hogares pobres que se dedican a la agricultura no tienen acceso a tierras y otros recursos naturales suficientes y de buena calidad ni a fuentes de ingresos remunerativas (como el trabajo autónomo o asalariado). Al mismo tiempo,

el hambre genera una trampa de la que es difícil escapar. El hambre y la desnutrición menoscaban la productividad de las personas, que están más expuestas a enfermedades y, por tanto, a menudo no tienen la capacidad de ganar más y mejorar sus medios de vida. Esto, a su vez, obstaculiza los avances para aliviar la pobreza extrema y luchar contra el hambre, en particular debido a que el activo principal que poseen los pobres es su trabajo.

No todos los tipos de crecimiento son eficaces para reducir el hambre y la malnutrición. Las personas muy pobres no pueden participar en los procesos de crecimiento que requieren capital o generan empleo para personas que cuentan con una educación y conocimientos especializados. Por ejemplo, es probable que el crecimiento económico originado por una explotación de recursos de gran densidad de capital, como es el caso de los minerales y el petróleo, tenga muy pocos vínculos directos con los pobres o que estos vínculos sean muy tenues. Cuanto mayor es la desigualdad en la distribución de activos (como tierras, agua, capital, educación y salud), más difícil es para los pobres mejorar su situación y más lentos son los avances para reducir la subalimentación[29].

El crecimiento económico inclusivo mejora los ingresos de los pobres. Si estos ingresos se incrementan con mayor rapidez que la tasa de crecimiento de la economía, la distribución de los ingresos también mejora. Lo importante para aumentar la seguridad alimentaria con eficacia es que el crecimiento económico alcance a aquellas personas en condiciones de extrema pobreza, es decir, el último quintil de la distribución de los ingresos. Aproximadamente unos tres cuartos de los pobres del mundo viven en las zonas rurales y esta proporción es aún mayor en los países de ingresos bajos[30]. En gran parte de las regiones en desarrollo, el riesgo de pobreza del trabajador (es decir, trabajadores que viven con menos de 1,25 USD por día) es más elevado en el sector agrícola: unos ocho de cada 10 trabajadores pobres tienen empleos vulnerables en la economía informal, en particular en la agricultura[31].

La agricultura por sí sola puede generar crecimiento en países con una gran participación de la agricultura en el PIB. Pero incluso si crecieran otros sectores de la economía, como la minería y los servicios, por medio de inversiones bien orientadas la agricultura puede llegar a ser una vía para que los pobres participen en el proceso de crecimiento. Los datos empíricos sugieren que el crecimiento agrícola en países de ingresos bajos es tres veces más eficaz para reducir la pobreza extrema que el crecimiento en otros sectores. En el África subsahariana, el crecimiento agrícola puede ser 11 veces más eficaz para reducir la pobreza que el crecimiento de sectores no agrícolas[32]. Las inversiones y las políticas que promueven una mayor productividad de la mano de obra agrícola conducen a un aumento de los ingresos en el medio rural. Los países que han invertido en sus sectores agrícolas —y, en especial, en mejorar la productividad de la agricultura familiar y a pequeña escala—, han logrado progresos significativos en pos de alcanzar la meta 1.C de los ODM, relativa al hambre (Recuadros 1 y 2).

Es esencial acomodar las consideraciones relativas al género para lograr el crecimiento económico de los países cuyas economías dependen de la agricultura. Las mujeres desempeñan una función importante como productoras, administradoras de recursos productivos y generadoras de ingresos y cumplen un papel fundamental como trabajadoras no remuneradas en el cuidado de personas en los hogares y las comunidades del medio rural. Sin embargo, a pesar de los esfuerzos realizados durante décadas para abordar las desigualdades de género, muchas mujeres de las zonas rurales siguen enfrentándose a restricciones basadas en el género que limitan su capacidad para contribuir al crecimiento y aprovechar las nuevas oportunidades que surgen de los cambios que dan forma a las economías nacionales. Esto ha tenido graves consecuencias para el bienestar —no solo de las mismas mujeres, sino también de sus familias y sociedades en general— y constituye una de las razones principales de que el desempeño económico de la agricultura sea deficiente en países más pobres[33]. A pesar de que algunas veces se argumente que el crecimiento económico conduce inevitablemente a la igualdad de género, los datos empíricos son escasos e incoherentes. Mucho parece depender de las políticas y estrategias destinadas a conformar mercados inclusivos y reducir la pobreza[34].

Es preciso que las soluciones que se basan en la agricultura se complementen con intervenciones que promuevan el potencial productivo del medio rural. Además, un apoyo directo a los medios de vida rurales por medio de programas de protección social proporciona alivio inmediato a los más vulnerables. Tales programas también generan beneficios a largo plazo: permiten una gran participación de los pobres en el proceso de crecimiento por medio de un mejor acceso a la educación, la salud y a una nutrición adecuada, lo cual amplía y fortalece el potencial humano.

Con la protección social puede establecerse un círculo virtuoso de progreso que incluya a los pobres gracias a mayores ingresos, empleo y salarios. Por ejemplo, el Programa Hambre Cero y la *Bolsa Família* en Brasil fueron fundamentales para lograr un crecimiento inclusivo en el país. La *Bolsa Família* alcanzó a casi un cuarto de la población, mujeres en su mayor parte, transfiriendo más de 100 USD mensuales a cada familia siempre y cuando enviara a sus niños a la escuela[35]. Con un crecimiento de la economía brasileña del 3 % anual desde 2000, que ha garantizado los ingresos públicos necesarios, estos programas han reducido la desigualdad de ingresos de forma significativa: entre 2000 y 2012 el ingreso medio del quintil más pobre de la población creció tres veces más rápido que el del 20 % más rico[36].

Ghana: crecimiento económico con una mejora de la seguridad alimentaria y la nutrición

A partir del período 1990-92, en Ghana se han registrado tasas elevadas de crecimiento económico per cápita, que han alcanzado un promedio del 3,3 % anual. Al mismo tiempo, el porcentaje de la población en condiciones de extrema pobreza descendió de un 51 % en 1991 a un 29 % en 2005 y evaluaciones válidas sugieren que esta tendencia a la baja se ha mantenido. La prevalencia de la subalimentación —esto es, la proporción de la población que padece hambre crónica— disminuyó de un 47,3 % en el período 1990-92 a menos del 5 % en el período 2012-14.

La agricultura ha desempeñado un papel significativo en el crecimiento de Ghana. Conjuntamente al aumento de la producción de cacao, la producción interna de alimentos se incrementó notablemente gracias a la promoción de políticas, reformas institucionales e inversiones en el marco del Programa para el Desarrollo Agrícola a Medio Plazo para 1991-2000[1].

No obstante, la liberalización del comercio condujo asimismo a la sustitución de la producción local de algunos alimentos básicos, así como a la elaboración con productos importados, lo cual generó varios desafíos para el empleo. Además, el empleo desigual entre los distintos grupos de la población y las regiones, como en el norte del país, dio origen a una mayor desigualdad de ingresos, con un incremento del coeficiente de Gini desde 38 hasta cerca de 43 en 2005. Este desafío se vio compensado, en gran medida, por el establecimiento de redes de seguridad y mecanismos de protección social eficaces en el marco de las estrategias nacionales de reducción de la pobreza y la Estrategia nacional de protección social. El desarrollo de tales mecanismos de protección social fue respaldado por una ampliación de la base imponible gracias al rápido crecimiento económico producido entre 1990 y 2004, que ascendió del 12 % al 24 % en solo 15 años y con el que se duplicaron los ingresos públicos.

La Estrategia nacional de protección social da prioridad a las mujeres vulnerables del medio agrícola con un bajo nivel de educación y poco acceso al crédito, al tiempo que intenta empoderar a otros grupos desfavorecidos. También contribuyeron a la reducción de la pobreza otros programas, como el de Empoderamiento de los Medios de Vida Contra la Pobreza (Livelihood Empowerment Against Poverty [LEAP]), que otorga transferencias de efectivo (cash transfers) a personas pobres con discapacidades. El Gobierno, con el apoyo de la comunidad internacional para el desarrollo, está haciendo lo posible por reforzar los recursos humanos, aumentando el gasto en educación y desarrollando la infraestructura necesaria para seguir promoviendo el crecimiento[2].

[1] S. Asuming-Brempong. 2003. *Policy Module Ghana: economic and agricultural policy reforms and their effects on the role of agriculture in Ghana*. Informe preparado para la Conferencia internacional sobre las funciones de la agricultura, 20-22 de octubre de 2003. Roma, FAO.
[2] S. M. Sultan y T. Schrofer. 2008. *Building support to have targeted social protection interventions for the poorest: the case of Ghana*. Informe presentado en la Conferencia sobre protección social para los más pobres en África: Aprender de la experiencia, Kampala (Uganda), 8-10 de septiembre de 2008.

PIB per cápita y prevalencia de la subalimentación en Ghana, 1992-2013

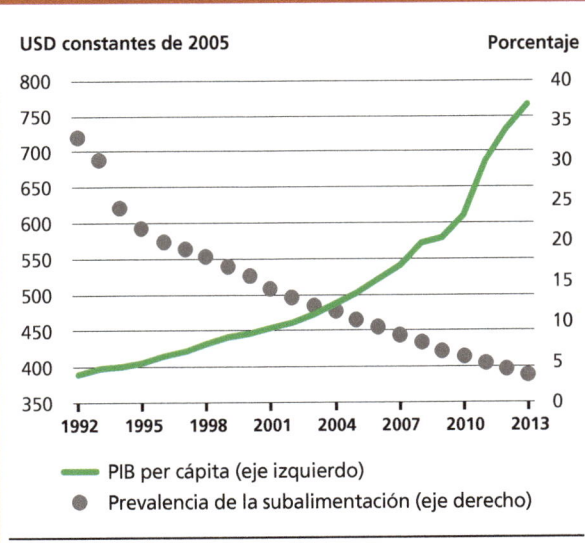

Fuentes: FAO y Banco Mundial.

Índice de producción de alimentos de Ghana, 1992-2012

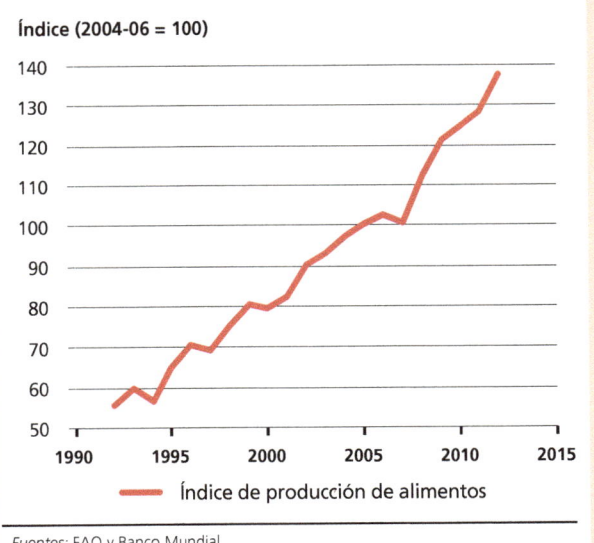

Fuentes: FAO y Banco Mundial.

RECUADRO **2**

República Unida de Tanzanía: crecimiento agrícola y económico sin una mejora de la seguridad alimentaria y la nutrición

Desde comienzos de la década de 1990, el crecimiento anual promedio del PIB de la República Unida de Tanzanía, de un 2,3 %, ha sido impulsado principalmente por la expansión de la industria y los servicios. La agricultura también se ha ido expandiendo, pero a un ritmo relativamente más lento. Entre 1992 y 2013, el crecimiento anual medio de la productividad de la mano de obra agrícola —medido por el valor añadido per cápita— se situó en un promedio del 1,6 %, mientras que la participación de la agricultura en el PIB disminuyó de casi un 50 % a un 26 %.

En el mismo período, la prevalencia de la subalimentación en el país se incrementó desde el 24,2 % en el período 1990-92 hasta el 34,6 % en el período 2012-14 y el número de personas subalimentadas pasó de 6,4 a 17,0 millones. Solo a partir de 2004, aproximadamente, la prevalencia de la subalimentación comenzó a mostrar señales alentadoras de inversión de la tendencia ascendente anterior. La pobreza sigue siendo elevada, si bien la proporción de la población que vive en condiciones de extrema pobreza se redujo de un 72 % a un 44 % entre 1992 y 2012.

La desconexión entre el crecimiento, por un lado, y la pobreza y la inseguridad alimentaria, por otro, puede atribuirse, en gran medida, a políticas de liberalización del comercio y esfuerzos de privatización que no fueron acompañados por políticas eficaces de modernización de la agricultura e inclusión de las personas pobres y aquellas que padecían inseguridad alimentaria en la distribución de las ganancias obtenidas gracias al crecimiento de la década de 1990. Esta divergencia podría explicarse, al menos en parte, por las escasas inversiones en la agricultura, donde predominan los pequeños agricultores familiares que producen para su subsistencia y tienen poco acceso a mercados locales e internacionales. Además, el hambre y una nutrición deficiente redujeron la capacidad productiva de la mano de obra[1].

Aunque la función del sector privado para promover mayores inversiones se ha mejorado gracias a varias reformas del mercado, aún es preciso realizar cambios en la gobernanza. El Centro de Inversiones de Tanzanía, creado en 2000, contribuyó al crecimiento, pero necesita el apoyo de un marco reglamentario mejorado que pueda proporcionar incentivos eficaces para fomentar las inversiones. Además, el país sigue careciendo de la infraestructura necesaria para un desarrollo económico de base amplia. El acceso seguro a la tierra sigue siendo una restricción clave, no solo en lo concerniente a la agricultura, sino también para los inversionistas nacionales y extranjeros[2].

Las políticas de protección social tienen una larga trayectoria en la República Unida de Tanzanía y han tenido éxito para brindar apoyo a los ingresos de grupos múltiples o concretos y proteger a las personas pobres y vulnerables de los efectos de las crisis[3]. No obstante, la eficacia de tales programas a la hora de contribuir a la reducción del hambre y la pobreza se ve restringida por una cobertura limitada y errores de exclusión durante la focalización. Será preciso seguir ampliando los mecanismos de protección social a fin de ayudar a reducir la pobreza y mejorar la seguridad alimentaria y la nutrición.

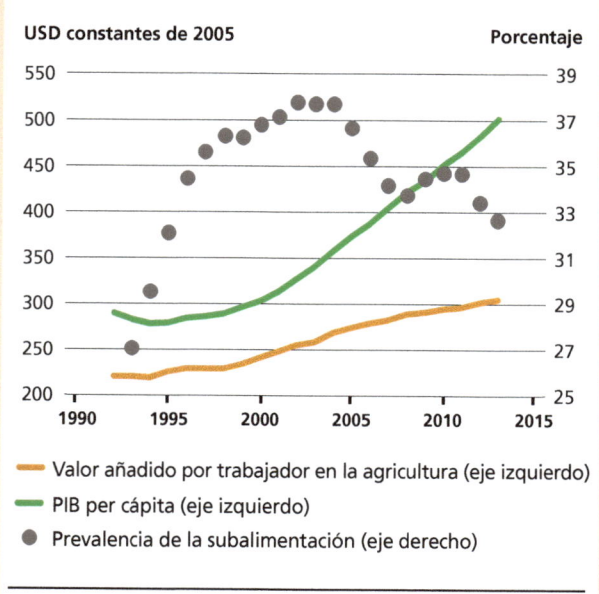

Productividad agrícola, PIB per cápita y prevalencia de la subalimentación en la República Unida de Tanzanía, 1992-2013

USD constantes de 2005   **Porcentaje**

— Valor añadido por trabajador en la agricultura (eje izquierdo)

— PIB per cápita (eje izquierdo)

● Prevalencia de la subalimentación (eje derecho)

Fuentes: FAO y Banco Mundial.

---

[1] República Unida de Tanzanía. 2011. Plan de inversiones de Tanzanía para la agricultura y la seguridad alimentaria, de 2011-12 a 2020-21.
[2] Organización para la Cooperación y el Desarrollo Económicos (OCDE). 2013. Overview of progress and policy challenges in Tanzania. En *OECD Investment Policy Reviews: Tanzania 2013*, págs. 23-54. París, Publicaciones de la OCDE.
[3] F. Lerisse, D. Mmari y M. Baruani. 2003. *Vulnerability and social protection programmes in Tanzania.* Análisis de los programas de protección social y de la vulnerabilidad realizado para el Grupo de trabajo de análisis e investigación.

La contribución de la agricultura familiar y la agricultura a pequeña escala a la seguridad alimentaria y la nutrición

Más del 90 % de los 570 millones de explotaciones agrícolas de todo el mundo están dirigidas por una persona o familia y se basan principalmente en la mano de obra familiar. En términos de valor, estas explotaciones producen más del 80 % del total mundial de alimentos. Desde una perspectiva global, el 84 % de las explotaciones familiares abarcan menos de dos hectáreas y ocupan únicamente el 12 % de la superficie agrícola. Aunque las pequeñas explotaciones agrícolas tienden a generar más rendimientos que las explotaciones de mayor tamaño, la productividad de la mano de obra es menor y la mayoría de los agricultores familiares son pobres y están afectados por la inseguridad alimentaria[37]. La sostenibilidad y seguridad alimentaria futura de estas explotaciones podrían verse amenazadas por el uso intensivo de los recursos. Para garantizar la seguridad alimentaria se necesitan políticas públicas que reconozcan la diversidad y complejidad de los desafíos a los que se enfrentan las explotaciones familiares durante toda la cadena de valor.

La mayor productividad de los recursos agrícolas, alcanzada gracias a la intensificación sostenible, desempeña una función clave a la hora de aumentar la disponibilidad de alimentos y de mejorar la seguridad alimentaria y la nutrición. A escala mundial la productividad y la disponibilidad de alimentos han ido en aumento, lo que ha contribuido de forma notable a la disminución de la subalimentación en todo el mundo. La mayor productividad de la mano de obra agrícola se asocia generalmente con niveles de subalimentación menores (Figura 16).

Las políticas públicas deberían ofrecer incentivos para la adopción de prácticas y técnicas de intensificación agrícola sostenible (gestión sostenible de la tierra, conservación de los suelos, gestión del agua mejorada, sistemas agrícolas diversificados y agroforestería) a fin de producir más resultados a partir del mismo terreno reduciendo al mismo tiempo el impacto ambiental negativo. Las tecnologías más convencionales de mejora del rendimiento, como la utilización

FIGURA **16**

Productividad de la mano de obra agrícola y prevalencia de la subalimentación, por país, 2010

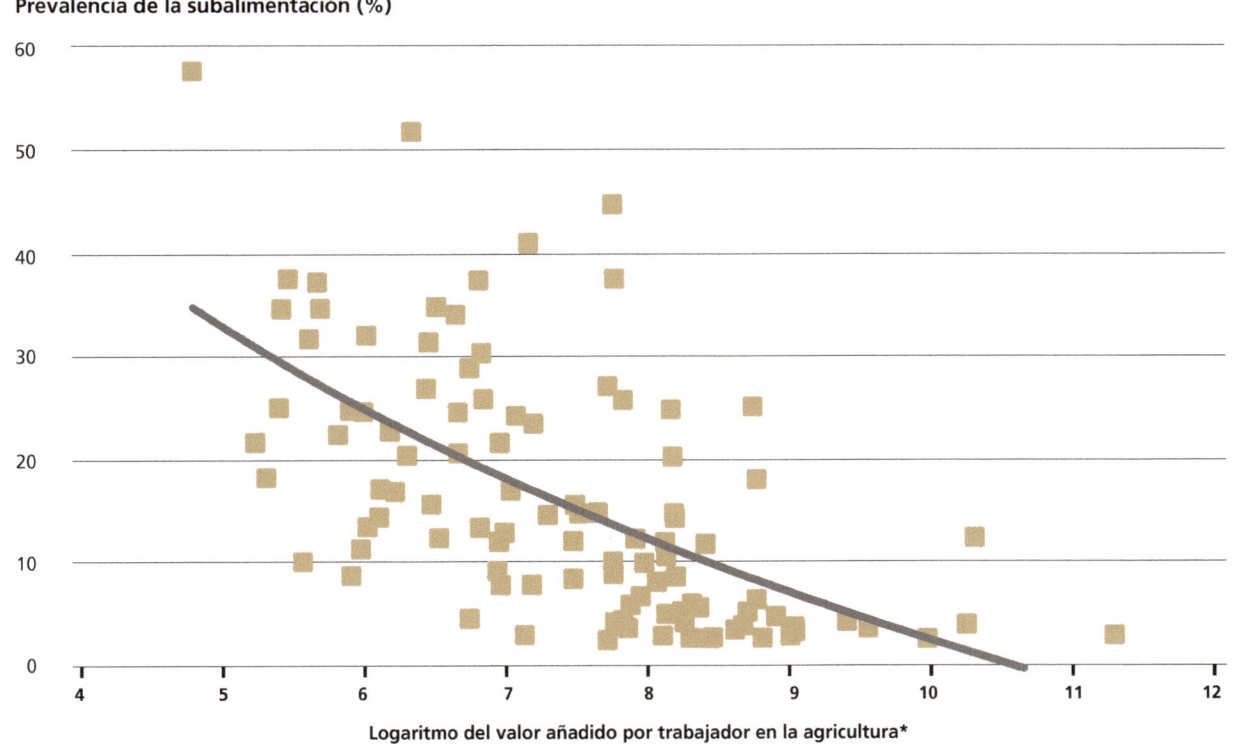

Prevalencia de la subalimentación (%)

Logaritmo del valor añadido por trabajador en la agricultura*

* Expresado en dólares constantes de los Estados Unidos de 2005.
Fuentes: FAO y Banco Mundial.

de variedades mejoradas de semillas y fertilizantes minerales, son asimismo opciones válidas, especialmente si se combinan con una mayor atención al uso eficiente de estos insumos.

Al mejorar la productividad, los agricultores producen más alimentos, resultan más competitivos y perciben ingresos más altos. El crecimiento de la productividad en las pequeñas explotaciones familiares contribuye a que el crecimiento sea más inclusivo, ya que no solo reduce los precios de los alimentos básicos sino que también mejora el acceso a los alimentos. Si los mercados de trabajo rurales funcionan correctamente, dicho crecimiento de la productividad aumenta la demanda de mano de obra en las zonas rurales, generando trabajos para la población pobre y aumentando la escala de sueldos de la mano de obra no especializada. Los miembros de los hogares rurales obtienen trabajos no agrícolas mejor remunerados y diversifican así sus fuentes de ingresos, lo que impulsa la reducción de la pobreza y el hambre.

Pese a los progresos generales, continúan existiendo diferencias regionales importantes. A comienzos de los noventa, el nivel más bajo de adición de valor promedio por trabajador en el ámbito agrícola se registró en el África subsahariana, aproximadamente 700 USD a precios de 2005, frente a otras regiones como Asia oriental y América Latina donde alcanzó 4.600 y 4.400 USD respectivamente. En 2010-2013, la adición de valor promedio por trabajador en el sector agrícola del África subsahariana suponía 1.199 USD, mientras que en Asia oriental y América Latina había aumentado a 15.300 y 6.000 USD respectivamente. Las ganancias de la productividad de la mano de obra también han crecido a menor ritmo en el África subsahariana, igual que las reducciones de la prevalencia de la subalimentación, cuyos niveles actuales son sistemáticamente más altos que en otras regiones.

Los datos sugieren que las ganancias de la productividad agrícola han ayudado a los países a reducir la subalimentación. Por ejemplo, durante el período comprendido entre 1990-92 y 2012-14, los países del África subsahariana (donde la agricultura está dominada por las pequeñas explotaciones familiares) que han realizado pocos avances hacia la consecución de la meta del hambre 1.C del ODM, como Botswana, Côte d'Ivoire, Liberia, Namibia, la República Unida de Tanzanía, Swazilandia, Uganda y Zambia, registraron ganancias en la adición de valor agrícola por trabajador del 25 % de media únicamente. Estas ganancias fueron mucho menores que las de Angola, Benin, Etiopía, Gabón, Ghana y Malí, países que han conseguido la meta 1.C de los ODM, relativa al hambre. La productividad de la mano de obra agrícola de estos países aumentó de media en un 69 % entre 1990-92 y 2012-14. Durante este mismo período, en los países del África subsahariana que habían avanzado hacia la meta pero todavía no la habían alcanzado, el valor añadido agrícola promedio por trabajador aumentó en un 42 %.

Se observan patrones similares al analizar una medida más tradicional de la productividad agrícola: el rendimiento por hectárea. Continúan existiendo grandes diferencias de rendimientos, esto es la diferencia entre los rendimientos de los agricultores y los rendimientos potenciales técnicos alcanzados utilizando las variedades más recientes y en las mejores condiciones posibles, especialmente en el África subsahariana. Estas brechas indican que se está desaprovechando enormemente el potencial de uso de los insumos y que la adopción de las tecnologías más productivas ha sido deficiente. Por ejemplo, la brecha de rendimientos respecto del maíz de secano de Malí (que alcanzó la meta 1.C de los ODM) fue del 75 % en 2008-10, nivel notablemente alto pero menor que los de Uganda (83 %) y la República Unida de Tanzanía (88 %), lo que sugiere que existe un vínculo entre la productividad agrícola y el progreso hacia la seguridad alimentaria[38].

En el pasado reciente, el crecimiento agrícola de muchos países del África subsahariana no se ha debido al apoyo de las políticas públicas para ampliar el acceso a los créditos y seguros agrícolas, los servicios de asesoramiento y las tecnologías sostenibles, sino que ha estado motivado en su mayor parte por el uso más extensivo de la tierra y la reasignación de factores productivos, los cuales no se orientaban necesariamente al abastecimiento de los mercados locales y la reducción de la inseguridad alimentaria.

Otros factores restrictivos que comprometen las ganancias de productividad agrícola y la generación de ingresos estables para los agricultores familiares son las perturbaciones relacionadas con las condiciones climatológicas, las deficientes infraestructuras de transporte, almacenamiento y comunicaciones y la ausencia o ineficiencia de los mercados. La debilidad de las instituciones y las insuficientes políticas públicas para el desarrollo agrícola y rural son causas importantes de estas situaciones.

Los mercados inclusivos para pequeños agricultores y agricultores familiares son un elemento importante para la promoción de la seguridad alimentaria y la nutrición. Además de facilitar el flujo de alimentos desde zonas con excedentes hasta zonas con déficit, garantizando la seguridad alimentaria, los mercados transmiten a los agricultores señales de los precios que les permiten ajustar su producción y su uso de los insumos[39]. Los mercados que funcionan correctamente y que fomentan la estabilidad y previsibilidad de los precios son esenciales; por un lado, un número significativo de agricultores depende de los mercados para obtener una parte de sus ingresos monetarios mientras que, por otro lado, la mayoría de los agricultores familiares son compradores netos de alimentos que dependen de los mercados para adquirir una parte de sus necesidades alimentarias. La productividad y el acceso a los mercados de los pequeños agricultores y los agricultores familiares están interconectados y contribuyen a la disponibilidad de alimentos y al acceso a los mismos. La mejora del acceso a las oportunidades de comercialización también puede contribuir a impulsar la productividad.

Un enfoque relevante para aumentar el acceso a los mercados de los agricultores familiares es la compra de alimentos locales por parte de los distintos niveles gubernamentales (local, regional y nacional). Los programas de compra pública no solo pueden garantizar la seguridad alimentaria de poblaciones vulnerables y los ingresos de pequeños agricultores y agricultores familiares, sino que también podrían mejorar la acción colectiva para fortalecer sus capacidades de comercialización y asegurar una mayor eficacia.

Para acelerar el progreso en la mejora del acceso a los alimentos por parte de las personas pobres, las regiones rezagadas, especialmente el África subsahariana, tendrán que transformar cada vez más sus políticas agrícolas a fin de mejorar de forma notable la productividad agrícola y aumentar

la cantidad de alimentos suministrados por los agricultores familiares. La importancia de la agricultura familiar y la agricultura a pequeña escala se refleja perfectamente en el Programa general para el desarrollo de la agricultura en África (CAADP en inglés, Comprehensive Africa Agriculture Development Programme), que ha establecido un objetivo de crecimiento agrícola anual del 6 %. Los efectos previstos son principalmente la mejora de la seguridad alimentaria y la nutrición, la reducción de la pobreza y el crecimiento del empleo.

Vínculos entre comercio internacional y seguridad alimentaria

El comercio internacional y las políticas comerciales influyen en la disponibilidad nacional y en los precios de los productos y de los factores de la producción, como la mano de obra, con implicaciones para el acceso a los alimentos. El comercio internacional también puede repercutir en la estructura del mercado, la productividad, la sostenibilidad del uso de los recursos y la nutrición, y puede afectar a distintos grupos de población de formas diferentes. Por consiguiente, la evaluación de su impacto sobre la seguridad alimentaria resulta extremadamente compleja. Por ejemplo, la prohibición de las exportaciones de cereales puede impulsar la oferta nacional y reducir los precios a corto plazo. Esto beneficia a los consumidores, pero perjudica a los agricultores que producen con fines de exportación. Las restricciones a las importaciones o exportaciones que aplican algunos de los actores principales afectan a la oferta mundial y exacerban la volatilidad de los precios a escala global. La disminución de los derechos de importación reduce los precios de los alimentos para los consumidores, pero puede afectar a los ingresos de los agricultores que compiten con las importaciones, cuya seguridad alimentaria podría resultar perjudicada. El Cuadro 5 (pág. 36) ilustra la compleja relación entre comercio y seguridad alimentaria enumerando los posibles efectos del comercio, tanto positivos como negativos, en las distintas dimensiones de la seguridad alimentaria. En la práctica, el panorama resulta aún más complejo debido a las imperfecciones de los mercados locales nacionales, que impiden que los cambios de los precios mundiales se transmitan a dichos mercados.

■ Enseñanzas extraídas de las reformas de las políticas comerciales

En general, las políticas encaminadas a aumentar la apertura al comercio internacional se han ejecutado en el contexto de reformas económicas más amplias, por lo que resulta difícil

discernir sus efectos. Varios estudios de caso han intentado analizar las repercusiones del comercio sobre la seguridad alimentaria y, como era de esperar, los resultados han sido desiguales[40]. En China, las reformas económicas han generado resultados positivos para el crecimiento, la reducción de la pobreza y la seguridad alimentaria. El comercio, que ha continuado creciendo con rapidez, ha contribuido a ello, aunque parece que la importancia de las reformas nacionales ha radicado sobre todo en su estímulo al crecimiento. En esta misma línea, en Nigeria, las reformas nacionales mejoraron los incentivos para los productores de productos agrícolas, y el aporte calórico per cápita aumentó de forma notable tras la aplicación de las reformas comerciales, lo que indica un posible efecto positivo en la seguridad alimentaria.

De igual manera, en Chile, la apertura del comercio y la eliminación de las distorsiones derivadas de las políticas impulsaron el crecimiento tanto agrícola como general y la transición de cultivos tradicionales a productos más rentables para la exportación. Las investigaciones han demostrado que las reformas han contribuido sustancialmente a la reducción de la pobreza y a la seguridad alimentaria. Perú es otro ejemplo de los resultados positivos para la seguridad alimentaria que tienen las transformaciones económicas e institucionales destinadas a fortalecer las iniciativas del sector privado, incluida la apertura del comercio. Sin embargo, el país implantó políticas y programas de protección social a fin de solucionar las diferencias de crecimiento entre los distintos sectores y las desigualdades de ingresos y de mitigar los efectos negativos de las reformas sobre los grupos más vulnerables de la población.

Por el contrario, en Guatemala, Kenya, la República Unida de Tanzanía y Senegal, los resultados de las reformas económicas y comerciales en cuanto a la seguridad alimentaria parecen desalentadores. En Guatemala, aunque

CUADRO **5**

Los posibles efectos de la liberalización del comercio sobre las dimensiones de la seguridad alimentaria

	Posibles efectos positivos	Posibles efectos negativos
DISPONIBILIDAD	El comercio estimula las importaciones y aumenta tanto la cantidad como la variedad de alimentos disponibles. Efectos dinámicos en la producción nacional: La mayor competencia del extranjero puede provocar mejoras de la productividad mediante una mayor inversión, la I+D, beneficios indirectos de la tecnología.	En los países exportadores netos de alimentos, unos precios más altos en los mercados internacionales pueden hacer que se desvíe parte de la producción anteriormente disponible para el consumo interno a las exportaciones, lo que puede reducir la disponibilidad nacional de alimentos básicos. En los países importadores netos de alimentos, es probable que los productores nacionales que no pueden competir con las importaciones limiten la producción, con lo que se reducen los suministros internos y se desaprovechan los importantes efectos multiplicadores de las actividades agrícolas en las economías rurales.
ACCESO	En los países importadores netos de alimentos, los precios de los alimentos suelen disminuir cuando se reduce la protección de las fronteras. En los sectores competitivos, es probable que aumenten los ingresos como consecuencia de un mayor acceso a los mercados para las exportaciones. Es probable que los precios de los insumos se reduzcan. Los beneficios macroeconómicos de la apertura del comercio como, por ejemplo, el crecimiento de las exportaciones y las entradas de inversión extranjera directa, respaldan el crecimiento y el empleo, lo que a su vez incrementa los ingresos.	En los países exportadores netos de alimentos, pueden aumentar los precios internos de productos exportables. El empleo y los ingresos en sectores sensibles que compiten con las importaciones pueden disminuir.
UTILIZACIÓN	Una mayor variedad de alimentos disponibles puede promover dietas más equilibradas y satisfacer las distintas preferencias y gustos. La inocuidad y la calidad de los alimentos puede mejorar si los exportadores disponen de sistemas nacionales de control más avanzados o si las normas internacionales se aplican de manera más rigurosa.	Una mayor dependencia de productos alimenticios importados se ha asociado con un incremento del consumo de alimentos ricos en calorías y de bajo valor nutricional más baratos y accesibles. La priorización de las exportaciones de productos básicos puede hacer que se desvíen tierra y recursos de los alimentos indígenas tradicionales que son a menudo superiores desde el punto de vista de la nutrición.
ESTABILIDAD	Las importaciones reducen el efecto estacional sobre la disponibilidad de alimentos y los precios al consumidor. Las importaciones mitigan los riesgos de producción locales. Los mercados mundiales están menos expuestos a las crisis relacionadas con las políticas o los fenómenos meteorológicos.	En los países importadores netos de alimentos, una gran dependencia de los mercados mundiales para los suministros de alimentos y las políticas de libre comercio reducen el margen para hacer frente a las crisis mediante las políticas. Los países importadores netos de alimentos pueden ser vulnerables a los cambios en las políticas comerciales de los países exportadores, como la prohibición de las exportaciones. Los sectores en fases iniciales de desarrollo pueden ser más susceptibles a las crisis de los precios o los aumentos repentinos de las importaciones.

las reformas propiciaron la diversificación de la producción de cultivos más rentables, los factores externos, como el menor precio del café, han debilitado el potencial para mejorar la seguridad alimentaria. En Kenya, la limitada coordinación a la hora de establecer el orden de las políticas parece haber ralentizado los progresos en la lucha contra el hambre. Las reformas aplicadas en Senegal han generado resultados desiguales: aunque la prevalencia de la alimentación total disminuyó, los hogares encabezados por una mujer perdieron seguridad alimentaria.

De hecho, las limitaciones a las que se enfrentan las mujeres rurales en cuanto a falta de acceso a los factores productivos, como la tierra, los insumos, el almacenamiento y la tecnología, podrían minar su capacidad para adoptar tecnologías nuevas, aprovechar las economías de escala, o ambas cosas, a fin de mejorar su competitividad. En varios países en desarrollo, se ha obligado a las mujeres agricultoras a pequeña escala que no podían competir con las importaciones agrícolas más baratas a abandonar o vender sus explotaciones, lo que puede contribuir a su vez a la inseguridad alimentaria[41].

Aunque el comercio en sí mismo no perjudica intrínsecamente a la seguridad alimentaria, para muchos países, especialmente para los que se encuentran en las primeras etapas de desarrollo, las reformas comerciales pueden tener efectos negativos sobre la seguridad alimentaria a corto y medio plazo. Investigaciones recientes demuestran que los países que apoyan al sector primario tienden a disfrutar de mejores condiciones en la mayoría de las dimensiones de la seguridad alimentaria (disponibilidad, acceso y utilización de alimentos), aunque la tributación de este sector resulta perjudicial para la seguridad alimentaria[42]. Sin embargo, los datos muestran además que el exceso de apoyo también puede provocar resultados deficientes en todas las dimensiones de la seguridad alimentaria.

A medida que los países se van abriendo al comercio internacional de productos agrícolas, aumenta su exposición y potencial vulnerabilidad a los cambios bruscos en los mercados agrícolas mundiales. Por ejemplo, los aumentos repentinos de las importaciones, esto es los aumentos rápidos del volumen de importaciones de un año al siguiente, pueden dificultad el desarrollo de la agricultura en los países en desarrollo.

Los sectores alimentarios de los países en desarrollo que se caracterizan por la baja productividad y la falta de competitividad son especialmente vulnerables a los aumentos

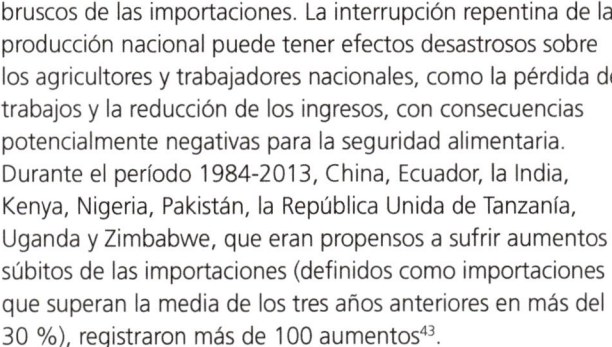

bruscos de las importaciones. La interrupción repentina de la producción nacional puede tener efectos desastrosos sobre los agricultores y trabajadores nacionales, como la pérdida de trabajos y la reducción de los ingresos, con consecuencias potencialmente negativas para la seguridad alimentaria. Durante el período 1984-2013, China, Ecuador, la India, Kenya, Nigeria, Pakistán, la República Unida de Tanzanía, Uganda y Zimbabwe, que eran propensos a sufrir aumentos súbitos de las importaciones (definidos como importaciones que superan la media de los tres años anteriores en más del 30 %), registraron más de 100 aumentos[43].

Los factores que provocan un aumento súbito de las importaciones podrían tener su origen en el propio país importador, como resultado de la escasez de suministros nacionales o los incrementos rápidos de la demanda. Otros factores son exógenos, por ejemplo cuando los países que proporcionan un apoyo importante a la producción y/o exportación de los productos alimentarios canalizan los excedentes de producción a los mercados internacionales. Los países afectados por aumentos repentinos derivados de factores externos pueden tener dificultades para hacerles frente.

Las perturbaciones graves de los mercados nacionales y los resultados negativos de la seguridad alimentaria se han utilizado como justificación de los argumentos que abogan por un enfoque más cauteloso de la apertura al mercado agrícola y por el establecimiento de salvaguardias eficaces en los acuerdos comerciales nuevos. En los casos en los que el sector agrícola todavía tiene que establecer su función de mejora del crecimiento potencial, la política comercial, incluidas las reparaciones comerciales, y los incentivos para promover la producción nacional pueden desempeñar funciones potencialmente importantes. Al mismo tiempo, como en el caso de Perú, las políticas complementarias pueden proteger a los más vulnerables frente a los posibles efectos negativos de la apertura al comercio.

■ El comercio en el nuevo contexto de mercados agrícolas

En el actual contexto internacional de mercados agrícolas, antes caracterizado por precios estables y deprimidos, las reacciones del mercado a las perturbaciones económicas y climáticas pueden provocar aumentos o caídas repentinos de los precios. Estos cambios han provocado la revaluación del papel del comercio y las políticas comerciales en la promoción de la seguridad alimentaria.

Como consecuencia del notable aumento de los costos de las importaciones de alimentos derivados del encarecimiento de los alimentos de 2008, se ha debilitado la confianza en los mercados mundiales como fuentes fiables de alimentos asequibles y la atención se centra ahora en el apoyo a la producción nacional de alimentos. Por este motivo, algunos países en desarrollo han adoptado políticas diseñadas para influir en los precios nacionales directamente mediante el control de los precios y medidas fronterizas, o para crear incentivos destinados a aumentar la oferta nacional. De todos los instrumentos de política comercial disponibles, las políticas preferidas para hacer frente a las preocupaciones en materia de seguridad alimentaria durante los períodos de precios altos y volátiles han sido las restricciones a la exportación y la eliminación de los aranceles de importación.

En sí mismo, el comercio no es ni una amenaza ni una panacea en lo que respecta a la seguridad alimentaria, pero puede plantear desafíos, e incluso riesgos, que es necesario tener en cuenta para la toma de decisiones políticas. Para garantizar que la seguridad alimentaria y las necesidades de desarrollo de los países se aborden de manera coherente y sistemática, los países deben tener una visión general más adecuada de todos los instrumentos de políticas que tienen a su disposición y deben contar con la flexibilidad necesaria para aplicar la combinación de políticas más eficaces para la consecución de sus objetivos.

La importancia de la protección social para las tendencias del hambre entre 1990 y 2015

La protección social ha contribuido de forma directa a la reducción del hambre durante el período de seguimiento de los ODM. Desde finales de la década de 1990, se ha observado una tendencia global hacia la ampliación de las transferencias de efectivo (cash transfers) y otros programas de asistencia social, motivada en parte por las crisis financieras de las economías de mercado emergentes durante este período[44]. Desde entonces, la protección social se ha anclado cada vez más en la legislación nacional y ha aumentado su cobertura para apoyar a los grupos vulnerables.

La cobertura ha aumentado por numerosas razones, entre otras el reconocimiento de la importancia de la protección social para la promoción del crecimiento sostenible e inclusivo. La protección social es una parte esencial del espectro de políticas que se ocupan de los niveles altos y persistentes de pobreza e inseguridad alimentaria, los niveles altos y crecientes de desigualdad, las inversiones insuficientes en capacidades y recursos humanos, y los débiles estabilizadores automáticos de la demanda total frente a las perturbaciones económicas.

Con cobertura suficiente y ejecución adecuada, las políticas de protección social pueden promover el desarrollo tanto económico como social a corto y más largo plazo, ya que garantizan que las personas puedan tener seguridad para sus ingresos, puedan acceder de forma eficaz a la asistencia sanitaria y otros servicios sociales, puedan gestionar los riesgos y estén en condiciones de aprovechar las oportunidades económicas. Estas políticas desempeñan un papel crucial con vistas a fomentar el crecimiento inclusivo y sostenible, fortalecer la demanda nacional, facilitar la transformación estructural de las economías nacionales y promover el trabajo decente[45].

Los programas de protección social han crecido exponencialmente entre 1990 y 2015. Aunque una gran parte de este aumento se produjo en los países de ingresos medianos y altos, también se han realizado avances importantes en cobertura de protección social en las regiones en desarrollo, por ejemplo en África, gracias a innovadores programas de asistencia sanitaria y transferencias de efectivo[46]. Actualmente, todos los países del mundo cuentan con al menos un programa de asistencia social. Se han implantado programas de alimentación escolar en 130 países, que son el tipo más frecuente de programa de protección social. También son frecuentes las transferencias de efectivo incondicionales, 118 países de todo el mundo las han implantado. De igual manera, los programas de transferencia condicional de efectivo y de bienes comunitarios/obras públicas continúan expandiéndose con rapidez[47]. Los esfuerzos mundiales y regionales también han resultado fundamentales, incluido el impulso a los umbrales de protección social aprobados por la Organización Internacional del Trabajo (OIT) en su Recomendación 202[48]. Sin embargo, pese a la proliferación de programas en todo el mundo, la OIT calcula que el 70 % de la población pobre del mundo continúa sin tener acceso a protección social suficiente[49].

Las organizaciones internacionales, como la FAO y el PMA, desempeñan funciones importantes en el diseño y la aplicación en los países de programas de red de seguridad y sistemas de protección social eficaces y eficientes orientados a la seguridad alimentaria y la nutrición. Con frecuencia los sistemas de protección social satisfacen los déficits de alimentos inmediatos y, si se han diseñado para ello, pueden ayudar a mejorar las vidas y los medios de subsistencia, lo que constituye un factor clave para reducir el número de personas que padecen hambre en el mundo.

Investigaciones recientes concluyen que la protección social impide que aproximadamente 150 millones de personas de todo el mundo caigan en la extrema pobreza[50]. No obstante, las repercusiones de los programas de asistencia social, como las transferencias de efectivo, sobre el bienestar no se limitan a los efectos directos de las transferencias. Las transferencias pueden ayudar a los hogares a gestionar los riesgos y mitigar el impacto de las perturbaciones que mantienen a los hogares anclados en la pobreza.

Los programas de asistencia social, como los programas de transferencias de efectivo, pueden influir en la capacidad productiva de sus beneficiarios, en particular de quienes tienen acceso limitado a los servicios financieros con fines de inversión y mitigación de riesgos. La provisión de transferencias de efectivo periódicas y previsibles aporta ventajas significativas cuando no hay mercados o los mercados no funcionan bien. Cuando el tamaño de las transferencias no es suficiente y se combinan con apoyo adicional a los beneficiarios, con frecuencia pueden ahorrarse y/o invertirse en activos productivos y pueden mejorar la inclusión social para generar rendimientos incluso mayores durante las vidas de los participantes[51]. En combinación con ahorro y crédito, rehabilitación medioambiental y seguros agrícolas, las transferencias pueden fomentar la asunción de riesgos prudente y aumentar los resultados productivos, incluso en los hogares más pobres[52].

Se ha demostrado que los programas de asistencia social, especialmente si se combinan con intervenciones adicionales en los ámbitos del abastecimiento de agua potable, salud y/o educación, mejoran los resultados nutricionales y promueven el capital humano. La integración de los objetivos de nutrición en los programas de asistencia social cuenta también con el potencial necesario para acelerar de forma notable los progresos hacia la reducción de la subalimentación y aumentar la productividad económica[53]. Además, las mujeres son beneficiarios directos de muchos programas de asistencia social, como las transferencias de efectivo. Gracias a esto y a un control mayor de los recursos, las mujeres se han empoderado, lo que ha generado efectos positivos sobre la seguridad alimentaria y el estado nutricional, especialmente de los niños[54]. Sin embargo, estos resultados positivos dependen de otros factores contextuales y requieren intervenciones complementarias.

Durante los últimos 25 años, han aparecido pruebas del importante papel que pueden desempeñar los programas de protección social en la consecución de los objetivos sobre seguridad alimentaria y nutrición. Los datos sugieren que una forma muy rentable de promover la reducción de la pobreza rural y la mejora de la seguridad alimentaria y la nutrición, y así conseguir los objetivos de desarrollo, sería aumentando el gasto en programas de protección social reforzados[55]. El hecho de que, pese al rápido crecimiento experimentado por los programas de protección social en las últimas décadas, aproximadamente el 70 % de la población mundial todavía no pueda acceder a más formas oficiales de seguridad social válidas indica que continúa siendo muy necesario ampliar la cobertura y, en consecuencia, el alcance a fin de acelerar la erradicación del hambre. Sin embargo, no bastará con ampliar los programas de protección social. Las políticas de protección social que han resultado más eficaces a la hora de mejorar la seguridad alimentaria y reducir la pobreza rural han sido las que se integraron correctamente con políticas del sector agrícola y eran coherentes con las prioridades y la visión de las estrategias más amplias destinadas a crear medios de vida viables y sostenibles para las personas pobres.

Programa de red de protección productiva en Etiopía

Establecido en 2005, el Programa de red de protección productiva está concebido para permitir a la población rural pobre hacer frente a la inseguridad alimentaria crónica a fin de resistir las crisis, generar activos y ser autosuficientes desde el punto de vista alimentario. El programa ofrece transferencias plurianuales previsibles de alimentos, efectivo o una combinación de ambos para ayudar a las personas afectadas por la inseguridad alimentaria crónica a sobrevivir durante los períodos de déficit de alimentos y evitar que se agoten sus activos productivos, a la vez que se procura satisfacer sus necesidades alimentarias básicas.

La combinación de transferencias de efectivo y de alimentos depende de la temporada y la necesidad, proporcionándose los alimentos principalmente durante el período de escasez que transcurre entre junio y agosto. Los hogares vulnerables reciben seis meses de asistencia cada año para protegerlos de la inseguridad alimentaria aguda. Se pide a los miembros sanos de las familias que participan en el programa que contribuyan en actividades productivas que crearán medios de vida más resilientes, como la rehabilitación de tierras y recursos hídricos y el desarrollo de infraestructuras comunitarias, con inclusión de la rehabilitación de carreteras rurales y la construcción de escuelas y clínicas.

Los estudios han demostrado que el Programa de red

de protección productiva ha tenido repercusiones positivas en los medios de vida de los hogares que han participado. En promedio, en las regiones en que está en marcha el programa (Afar, Amhara, Dire Dawa, Harare, Oromiya, la Región de las Naciones, Nacionalidades y Pueblos del Sur, Somalia y Tigray), sus transferencias previsibles han acortado en más de un mes el período de escasez, durante el cual las poblaciones rurales pobres se ven más afectadas por la inseguridad alimentaria; la mejora más significativa tuvo lugar en Amhara, donde se ha conseguido una reducción de los períodos de escasez de casi dos meses. El programa también contribuye a aumentar el acceso de los niños a los alimentos. Durante los períodos de escasez entre 2006 y 2010, el número medio de comidas que consumieron los niños de las familias beneficiarias aumentó un 15 %.

En algunos casos, cuanto mayor es el tiempo que participan los hogares en el programa, más corto puede llegar a ser el período de escasez. La razón es que con las transferencias de efectivo regulares y previsibles aumentan las inversiones en las explotaciones agrícolas y mejora la capacidad productiva de los hogares beneficiarios. En promedio, una participación de cinco años aumenta el número de cabezas de ganado anualmente en 0,38 unidades ganaderas tropicales, una agregación ponderada de diferentes clases de ganado. En Oromiya, los hogares beneficiarios experimentaron un aumento en el valor de los activos productivos de 112 birr etíopes.

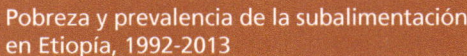

Pobreza y prevalencia de la subalimentación en Etiopía, 1992-2013

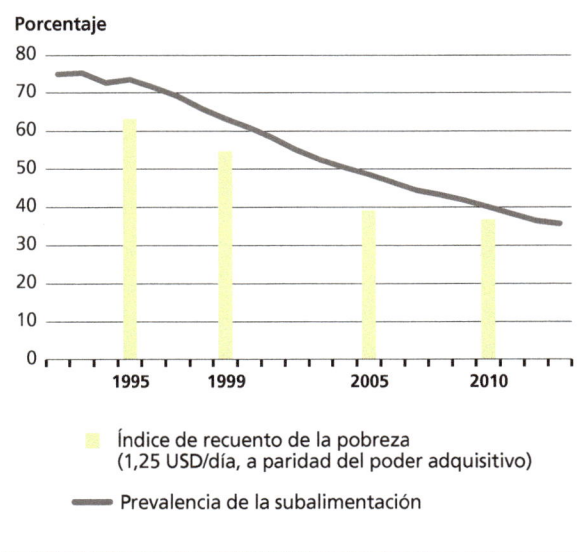

Porcentaje

■ Índice de recuento de la pobreza
(1,25 USD/día, a paridad del poder adquisitivo)

— Prevalencia de la subalimentación

Fuentes: FAO y Banco Mundial.

Fuente: G. Berhane, J. Hoddinott, N. Kumar y A. S. Taffesse. 2011. *The impact of Ethiopia's productive safety nets and household asset building programme: 2006–2010.* Washington, D.C., Instituto Internacional de Investigación sobre Políticas Alimentarias.

Las crisis prolongadas y el hambre

Los países y zonas afectados por crisis prolongadas son "aquellos entornos en los que una proporción importante de la población es muy vulnerable a la muerte, la enfermedad y la perturbación de los medios de vida durante un período de tiempo prolongado". La gobernanza en estos entornos suele ser muy débil y el Estado suele tener una capacidad limitada para responder a las amenazas que afectan a la población y mitigarlas o para proporcionar un nivel suficiente de protección[56]. Sobre la base de los criterios establecidos en *El estado de la inseguridad alimentaria en el mundo, 2010*[57], la lista de países que se considera que se encuentran en situaciones de crisis prolongada se actualizó en 2012 para incluir 20 países[58]. Sin embargo, cabe señalar que algunas situaciones de crisis prolongada se limitan a una zona geográfica concreta y podrían no afectar al país entero, por no decir a la población al completo.

Si bien tanto las causas como los efectos de las crisis prolongadas difieren, la inseguridad alimentaria y la malnutrición son características generalizadas comunes[59]. La inseguridad alimentaria y la malnutrición son especialmente graves, persistentes y extensas en contextos de crisis prolongadas. La población combinada aproximada que en 2012 se encontraba en situaciones de crisis prolongadas era de 366 millones de personas, de los cuales unos 129 millones padecían subalimentación entre 2010 y 2012 (incluidas estimaciones prudentes en los casos de los países sobre los que se carece de datos). Esto representaba aproximadamente el 19 % del total mundial de la población que padece inseguridad alimentaria. En 2012 la prevalencia media de la subalimentación en situaciones

de crisis prolongadas era del 39 %, frente a un promedio del 15 % en el resto del mundo en desarrollo (véase la Figura 17).

La consecución de la meta 1.C de los ODM, consistente en reducir a la mitad la proporción de personas subalimentadas en estos países, plantea un enorme desafío. De los 20 países en situación de crisis prolongada mencionados anteriormente, solo uno, Etiopía, ha alcanzado la meta 1.C de los ODM. En el resto de países se ha informado sobre un progreso insuficiente o incluso un empeoramiento.

■ Tipología de las crisis

Durante los últimos 30 años, la tipología de las crisis ha evolucionado gradualmente y estas han pasado de ser acontecimientos catastróficos, agudos, de breve duración y muy evidentes a situaciones prolongadas, a largo plazo y más estructurales que se originan a consecuencia de una combinación de múltiples factores que las propician, en especial las catástrofes naturales y los conflictos, figurando cada vez más entre los factores agravantes el cambio climático y las crisis financieras y de los precios. En otras palabras, las crisis prolongadas han pasado a ser la norma, mientras que las crisis agudas de breve duración son ahora la excepción. De hecho, actualmente el número de crisis que se consideran prolongadas es mayor que en el pasado[60].

Desde la perspectiva de la seguridad alimentaria y la nutrición, en 1990 solo 12 países de África se enfrentaban a crisis alimentarias, y de ellos solo cuatro se encontraban en situaciones de crisis prolongada. Solo 20 años después, un total de 24 países afrontaba crisis alimentarias, de los cuales 19 llevaban en crisis ocho o más años de los 10 años anteriores[61]. Además, se hace evidente la necesidad cada vez mayor de ocuparse de los contextos a largo plazo de estas emergencias. Por ejemplo, el Pacto del Bósforo[62] notificó un aumento de los llamamientos humanitarios mundiales entre 2004 y 2013 de un 446 % en total, pasando de 3.000 millones de USD a 16.400 millones de USD. Análogamente, el número de personas desplazadas a finales de 2013 era de 51,2 millones, más que en cualquier otro momento desde el final de la Segunda Guerra Mundial. En las principales situaciones de refugiados, la duración media del desplazamiento es ahora de 20 años. Nueve de cada 10 llamamientos humanitarios se mantienen durante más de tres años y el 78 % del gasto de los donantes del Comité de Asistencia para el Desarrollo de la Organización para la Cooperación y el Desarrollo Económicos (OCDE) se destina a emergencias prolongadas.

Durante las últimas tres décadas, las causas de las crisis han pasado a estar más interrelacionadas, lo que refleja una tendencia en evolución hacia factores que impulsan las crisis prolongadas debidas a causas naturales, provocadas por el

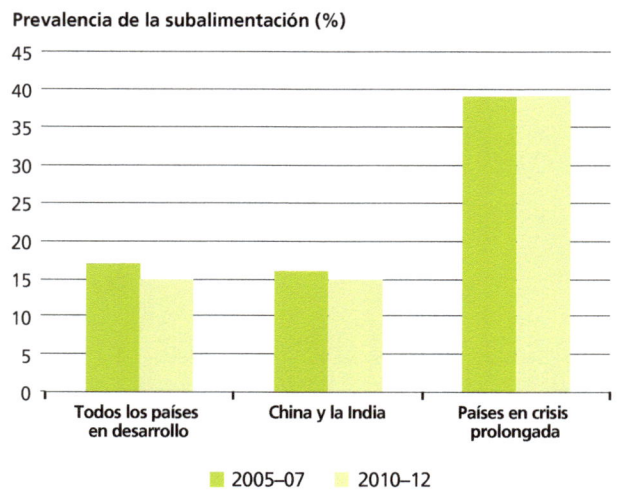

FIGURA **17**

La inseguridad alimentaria: ¿son diferentes las crisis prolongadas?

Prevalencia de la subalimentación (%)

Leyenda: ■ 2005–07 ■ 2010–12

Categorías del eje horizontal: Todos los países en desarrollo | China y la India | Países en crisis prolongada

Fuente: FAO.

hombre, o resultado de una combinación de causas humanas y naturales[63]. Los conflictos constituyen cada vez más la causa principal, además de haber aumentado la prevalencia de los conflictos antropógenos respecto del pasado, por lo que son ahora una característica común de las crisis. Debe aún analizarse a fondo la compleja relación que guardan los conflictos con la seguridad alimentaria y la nutrición (Recuadro 4).

▮ Formas en que las crisis repercuten en la seguridad alimentaria

Las crisis prolongadas debilitan la seguridad alimentaria y la nutrición de muchas maneras, afectando a la disponibilidad, el acceso y la utilización de alimentos. Las perturbaciones en la producción de cultivos, la cría de ganado y el comercio pueden tener repercusiones negativas en la disponibilidad de alimentos.

RECUADRO **4**

Conflicto e inestabilidad política

La inseguridad alimentaria puede ser una consecuencia directa del conflicto violento y la inestabilidad política, además de un factor agravante. Por un lado, la inseguridad alimentaria se encuentra entre los elementos que pueden impulsar o intensificar el conflicto, a menudo debido a factores económicos y estructurales subyacentes. Por ejemplo, las subidas repentinas y no previsibles de los precios de los alimentos, o la reducción o eliminación de subvenciones a los alimentos básicos, pueden ser un catalizador de la inestabilidad civil y política, como en el caso de los desórdenes sociales y la violencia política de la Primavera Árabe en 2011, cuando los gobiernos del Oriente Próximo redujeron las subvenciones destinadas al pan. Las catástrofes naturales, la sequía y la hambruna pueden también contribuir a la inestabilidad política y el conflicto violento, como demuestra el caso de la región del Sahel y África occidental. La inseguridad alimentaria puede agravar la inestabilidad política y el conflicto violento cuando se margina económicamente a grupos concretos, se distribuyen los servicios de manera desigual o se compite por los escasos recursos naturales, necesarios para la seguridad alimentaria, como ilustran los conflictos que surgen periódicamente entre agricultores y ganaderos en las regiones semiáridas del Sahel y África oriental[1].

Por otro lado, la mortalidad provocada por los conflictos derivados de la inseguridad alimentaria y la hambruna puede superar con mucho las muertes causadas directamente por la violencia. Los conflictos alteran los medios de vida de las zonas rurales y urbanas y socavan la productividad agrícola de los pequeños agricultores; constituyen una causa principal del hambre y debilitan la seguridad alimentaria y la nutrición de muchas maneras. Todas las situaciones de inseguridad alimentaria y hambruna extremas sufridas en el Cuerno de África desde la década de 1980 se han caracterizado por algún tipo de conflicto, lo que ha transformado las crisis de seguridad alimentaria en hambrunas devastadoras. A escala mundial, entre 2004 y 2009, unas 55.000 personas perdieron la vida cada año como consecuencia directa de un conflicto o del terrorismo[2].

Por el contrario, la hambruna causada por los conflictos y las sequías provocó la muerte de más de 250.000 personas solo en Somalia entre 2010 y 2012[3].

Las cifras derivadas de los conflictos y la inestabilidad política actuales refuerzan esta relación. En Iraq, los precios de los alimentos son altos y volátiles en los distritos afectados por conflictos, donde la cesta de alimentos cuesta entre un 25 % y un 30 % más que en la capital, Bagdad[4]. Las condiciones de estrés de los cultivos pueden verse claramente en las imágenes de satélite, lo que confirma las repercusiones negativas del conflicto sobre el riego, la disponibilidad de insumos agrícolas y el acceso a los campos. En Palestina, el desplazamiento, la perturbación de los medios de vida y el aumento del desempleo han provocado recientemente un deterioro de la seguridad alimentaria. En 2013, el 33 % de todos los palestinos se consideraba que sufría inseguridad alimentaria (19 % en la Ribera Occidental y 57 % en la Franja de Gaza) y un 16 % adicional era especialmente vulnerable a pasar a sufrir inseguridad alimentaria[5]. A principios del año 2015, a consecuencia de la violencia continuada, el conflicto civil y la fragmentación en la República Árabe Siria, en conjunción con las sanciones internacionales, las perturbaciones de la producción alimentaria y las subidas de los precios nacionales de los combustibles y los alimentos, 9,8 millones de personas necesitaron diversos niveles de ayuda relativa a los alimentos, la agricultura y los medios de vida. De estas, 6,8 millones de personas necesitaron asistencia alimentaria urgente[6].

En Sudán del Sur, entre enero y marzo de 2015, alrededor de 2,5 millones de personas se enfrentaban a niveles de crisis (fase 3 de la Clasificación integrada de la seguridad alimentaria y la fase humanitaria [CIF]) o emergencias (fase 4 de la CIF) de la inseguridad alimentaria[7] a medida que el conflicto había desplazado a las poblaciones, reducido la producción alimentaria y alterado los mercados[8]. Cabe destacar que antes del estallido del conflicto en diciembre de 2013, nadie en Sudán del Sur se encontraba en la fase 4 de la CIF. Las repercusiones

(pasa a pág. 42)

RECUADRO 4 *(viene de pág. 41)*

inmediatas del conflicto en la situación de la seguridad alimentaria se destacaron en el análisis revisado de la CIF de mayo de 2014, en el que se notificaron alrededor de 3,5 millones de personas en las fases 3 y 4, de las cuales más de 1 millón hacía frente al nivel de emergencia (fase 4)[9]. Análogamente, el conflicto de la República Centroafricana ha agravado la inseguridad alimentaria. La CIF estimó, si bien con una confianza limitada, que entre abril y mayo de 2014 aproximadamente 1,7 millones de personas sufrían inseguridad alimentaria grave (fases 3 y 4 de la CIF)[10], lo que constituye un fuerte aumento respecto de las 900.000 personas calculadas en

noviembre de 2013, antes del estallido del conflicto.

En todos estos ejemplos es probable que las causas principales de la inseguridad alimentaria actual persistan durante algún tiempo, lo que obligará a las familias a adoptar estrategias de resistencia y supervivencia a corto plazo que pueden hacer que los medios de vida sean insostenibles y poner en peligro las perspectivas de futuro, por ejemplo, al vender activos productivos como el ganado o seguir dependiendo en gran medida de la asistencia alimentaria. En estos contextos, es probable que resulte extremadamente difícil realizar progresos hacia la consecución de la meta 1.C de los ODM en estos países.

---

[1] M. Moritz. 2012. *Farmer-herder conflicts in sub-Saharan Africa* (disponible en http://www.eoearth.org/view/article/51cbedc67896bb431f693d72).

[2] Declaración de Ginebra sobre la violencia armada y el desarrollo. 2011. *Carga global de la violencia armada 2011: encuentros letales*. Ginebra (Suiza), Secretaría de la Declaración de Ginebra; FIDA. 2011. *Directrices del FIDA para la recuperación temprana en casos de desastre* (EB 2011/102/R.29). Roma; y FIDA. 2006. *Política del FIDA para la prevención de las crisis y la recuperación posterior* (EB 2006/87/R.3/Rev.1). Roma.

[3] FAO. 2013. *Study suggests 258 000 Somalis died due to severe food insecurity and famine*. Comunicado de prensa (disponible en http://www.fao.org/somalia/news/detail-events/es/c/247642/).

[4] PMA. 2015. *Global food security update*. Número 17, marzo de 2015 (disponible en http://documents.wfp.org/stellent/groups/public/documents/ena/wfp272750.pdf).

[5] Food Security Cluster. 2014. *Food insecurity in Palestine remains high*. Socio-Economic and Food Security (SEFSec) High Level Statement, junio de 2014 (disponible en http://foodsecuritycluster.net/document/sefsec-high-level-statement-june-2014).

[6] PMA. 2014. *Syrian Arab Republic: Highlights as of December 2014*. Sitio web sobre el análisis de la seguridad alimentaria (disponible en http://vam.wfp.org/CountryPage_overview.aspx?iso3=SYR).

[7] La escala de la Clasificación integrada de la seguridad alimentaria y la fase humanitaria (CIF) establece para la gravedad de la inseguridad alimentaria aguda cinco fases, de 1 (mínima) a 5 (hambruna), cada una de ellas con diferentes implicaciones para la toma de decisiones proactivas relacionadas con la respuesta adecuada y eficaz (véase http://www.ipcinfo.org/ipcinfo-home/es/).

[8] CIF. 2015. *South Sudan – 2.5 million people in either Crisis or Emergency between January and March 2015*. Comunicado de prensa (disponible en http://www.ipcinfo.org/ipcinfo-detail-forms/ipcinfo-news-detail/en/c/276738/).

[9] CIF. 2014. South Sudan communication summary (disponible en http://www.ipcinfo.org/fileadmin/user_upload/ipcinfo/docs/IPC_SouthSudan_Sept%202014_Communication_Summary.pdf).

[10] CIF. 2014. *IPC Alert: Central African Republic calls for immediate actions to avoid a worsening emergency situation*. Web alert (disponible en http://www.ipcinfo.org/ipcinfo-detail-forms/ipcinfo-news-detail/en/c/232629/).

El acceso de las personas a los alimentos se ve con frecuencia alterado durante las crisis debido a desplazamientos, perturbaciones de los medios de vida o cuando se les arrebata la tierra. Por ejemplo, cuando el Estado y las instituciones consuetudinarias no pueden o no quieren proteger y promover los derechos de las personas, nadie impide los intentos de arrebatar las tierras de mujeres, huérfanos u otras personas vulnerables[64]. Por último, la utilización de alimentos puede verse afectada por los cambios en las relaciones intrafamiliares y entre comunidades y en la dinámica del poder, así como por la prestación desigual de servicios.

La inseguridad alimentaria puede acentuarse y autoperpetuarse todavía más cuando la población acaba con todas sus reservas de alimentos, dinero y otros activos, y recurre a mecanismos no sostenibles de resistencia, como vender activos productivos y emprender actividades que conduzcan a la degradación de la tierra a fin de satisfacer las necesidades alimentarias inmediatas.

El sexo y la edad son dos importantes factores determinantes de las repercusiones de las crisis prolongadas en las personas. Las mujeres están más expuestas que los hombres

a sufrir las consecuencias y su acceso a la ayuda puede verse menoscabado por la discriminación por motivos de género. Las disparidades de género preexistentes en relación con el acceso a activos como la tierra, la propiedad o el crédito reflejan que las mujeres tienen con frecuencia menos recursos financieros que los hombres para hacer frente a repercusiones como la pérdida de capacidad productiva, lo que les impide costearse los precios más elevados de los alimentos en zonas afectadas por crisis[65]. Se ha demostrado que tras las crisis prolongadas también aumentan las obligaciones de las mujeres respecto del cuidado de la familia, a la vez que la escasa movilidad y las limitadas oportunidades de trabajo fuera del hogar reducen su diversidad de estrategias de emergencia. Con frecuencia, cuando no hay miembros varones en la familia, por haber muerto, migrado o ingresado en las fuerzas armadas, las mujeres no siempre pueden reclamar los activos familiares, como la tierra, el ganado, las herramientas y la maquinaria que antes pertenecían a sus maridos, en especial si son analfabetas o no están lo suficientemente familiarizadas con sus derechos, lo que tiene importantes consecuencias negativas para la seguridad alimentaria.

RECUADRO **5**

Amenazas de las catástrofes naturales y el cambio climático a la seguridad alimentaria

La exposición a peligros y catástrofes naturales es una de las causas principales de la inseguridad alimentaria, un problema que se ve agravado por el cambio climático. Entre 2003 y 2013, los peligros y las catástrofes naturales de las regiones en desarrollo afectaron a más de 1.900 millones de personas y provocaron daños estimados en casi medio billón de USD. Mediante un examen de las evaluaciones de las necesidades después de desastres de 48 países en desarrollo, la FAO calculó que el sector agrícola absorbe aproximadamente el 22 % de las repercusiones económicas totales de estas catástrofes[1], lo que claramente afecta a la capacidad del sector para contribuir a la seguridad alimentaria.

Los pequeños Estados insulares en desarrollo (PEID) están especialmente expuestos al riesgo[2]. El Banco Mundial calcula que los PEID representan dos terceras partes de los países con las mayores pérdidas relativas a consecuencia de catástrofes naturales cada año. Solo en la región de las Islas del Pacífico, la infraestructura, las construcciones y los cultivos comerciales, cuyo valor se estima en 112.000 millones de USD, se consideran en peligro de sufrir catástrofes naturales[3]. En el Caribe se calcula que las catástrofes naturales causan daños anuales a la infraestructura que oscilan entre los 500 y los 1.000 millones de USD[4].

El cambio climático multiplica los riesgos naturales al alterar los patrones de precipitaciones y temperatura, así como aumentar la frecuencia y la intensidad de fenómenos extremos como la sequía y las inundaciones[5]. En el quinto informe de evaluación del Grupo Intergubernamental de Expertos sobre el Cambio Climático, publicado en 2014, se señaló que el cambio climático ya está teniendo consecuencias negativas en la agricultura, y está afectando a los principales cultivos, a la producción ganadera y a la pesca. Estas zonas tropicales altamente expuestas al cambio climático se caracterizan también por una elevada inseguridad alimentaria.

Cuando se producen catástrofes, estas tienen repercusiones inmediatas en los medios de vida y la seguridad alimentaria de millones de agricultores familiares y pequeños productores, pastores, pescadores y comunidades que dependen de los bosques en los países en desarrollo, donde la agricultura da trabajo a entre el 30 % y más del 80 % de la población. Teniendo en cuenta solo las consecuencias de los principales fenómenos en un número limitado de países durante el período 2003-2013, las pérdidas estimadas alcanzan los

13.000 millones de USD en el sector de los cultivos, sobre todo debido a las inundaciones y los daños causados por las tormentas, y los 11.000 millones de USD en la ganadería, atribuibles principalmente a la sequía, y esta es solo una pequeña parte de los costos totales reales[6].

Las catástrofes naturales también tienen una amplia y compleja gama de efectos indirectos en la seguridad alimentaria. El aumento de la incertidumbre y los riesgos reduce los incentivos para invertir en la producción agrícola, en particular en el caso de los agricultores familiares y los pequeños agricultores con un acceso limitado o inexistente al crédito y los seguros[7]. Hacer un mayor hincapié en actividades de bajo riesgo, pero con una producción poco rentable, así como en la reducción de los niveles de insumos de capital fijos y de funcionamiento, generalmente da lugar a una disminución de los beneficios, tanto actuales como futuros, de la explotación agrícola. Asimismo, las catástrofes naturales generan reducciones en el consumo de alimentos, así como en los servicios de educación y asistencia sanitaria, lo que, a su vez, puede provocar pérdidas a largo plazo en cuanto a generación de ingresos y futura seguridad alimentaria. En la República Unida de Tanzanía, por ejemplo, las crisis en los cultivos que se remontan al período 1991-95 ocasionaron pérdidas en el crecimiento del consumo de entre el 17 % y el 40 % en 2004[8].

En conjunto, la exposición a las catástrofes naturales, agravada por el cambio climático, puede dificultar considerablemente los progresos de los países hacia la consecución de las metas internacionales relativas al hambre. Para disminuir la vulnerabilidad a los peligros naturales y el cambio climático se necesita una estrategia global a fin de reducir al mínimo la exposición al riesgo a la vez que se ofrece el número máximo de respuestas eficaces. Para ello, se debe aumentar la resiliencia de los agroecosistemas adoptando enfoques de gestión sostenible de la tierra en conjunción con programas para fomentar la resiliencia socioeconómica, como la protección social, la mejora de la gobernanza de los mercados agrícolas y el desarrollo de cadenas de valor, así como programas de seguros y sistemas eficaces de alerta temprana. El fomento de la resiliencia depende de las condiciones locales, por lo que es fundamental la capacidad de determinar y aplicar estrategias en el plano local.

Los datos empíricos procedentes de distintos países

(pasa a pág. 44)

RECUADRO 5 *(viene de pág. 43)*

han demostrado que la aplicación de medidas de reducción del riesgo de catástrofes puede producir beneficios a largo plazo, pasando de la reducción de futuras pérdidas a medios de vida más resilientes y agroecosistemas más productivos. Países como Bangladesh, Cuba, Madagascar y Viet Nam han conseguido reducir drásticamente las consecuencias de los peligros relacionados con el clima, como las tormentas tropicales y las inundaciones, mediante sistemas mejorados de alerta temprana y otras medidas de preparación para los desastres y reducción del riesgo[9].

[1] FAO. 2015. *The impact of natural hazards and disasters on agriculture and food and nutrition security: a call for action to build resilient livelihoods.* Roma.

[2] FAO. 2015. *Food security and nutrition in Small Island Developing States.* Roma.

[3] Banco Mundial. 2012. *Acting today for tomorrow: a policy and practice note for climate- and disaster- resilient development in the Pacific Islands region.* Washington, D.C.

[4] Banco Mundial. 2013. *Building resilience: integrating climate and disaster risk into development: lessons from World Bank Group experience.* Washington, D.C.

[5] IPCC, 2014: Resumen para responsables de políticas. En: IPCC. *Cambio climático 2014: impactos, adaptación y vulnerabilidad.* Contribución del Grupo de Trabajo II al quinto informe de evaluación del Grupo Intergubernamental de Expertos sobre el Cambio Climático, págs. 1-32. Cambridge (Reino Unido) y Nueva York (EE.UU.), Cambridge University Press.

[6] Op. cit., véase la nota 1.

[7] J.R. Porter, L. Xie, A. J. Challinor, K. Cochrane, S. M. Howden, M. M. Iqbal, D. B. Lobell y M. I. Travasso. 2014. Food security and food production systems. En: IPCC. *Cambio climático 2014: impactos, adaptación y vulnerabilidad.* Contribución del Grupo de Trabajo II al quinto informe de evaluación del Grupo Intergubernamental de Expertos sobre el Cambio Climático, págs. 485-533. Cambridge (Reino Unido) y Nueva York (EE.UU.), Cambridge University Press.

[8] K. Beegle, J. de Weerdt y S. Dercon. 2008. Adult mortality and consumption growth in the age of HIV/AIDS. *Economic Development and Cultural Change,* 56(2): 299-326.

[9] Naciones Unidas. 2010. *Cumplir la promesa: unidos para lograr los Objetivos de Desarrollo del Milenio.* Nueva York (EE.UU.).

■ ¿Por qué es tan difícil enfrentarse a la inseguridad alimentaria y la malnutrición en situaciones de crisis prolongadas?

Abordar la inseguridad alimentaria y la malnutrición en situaciones de crisis prolongadas es especialmente difícil. Se ha demostrado que las partes interesadas deben hacer frente a las manifestaciones críticas de las crisis prolongadas, como el hambre y la malnutrición, y a las perturbaciones y el agotamiento de los medios de vida, a la vez que se ocupan de las causas subyacentes, como la gobernanza deficiente, las capacidades inadecuadas, el acceso limitado a los escasos recursos naturales y los conflictos.

Además, en las políticas y medidas deben tenerse en cuenta las características específicas y los desafíos complejos que presentan las crisis prolongadas, como por ejemplo: su longevidad; la necesidad particular de proteger a los grupos marginados y vulnerables, así como de respetar los derechos humanos fundamentales; el desajuste entre los mecanismos de financiación a corto plazo y las necesidades a largo plazo, y el mejor modo de incorporar la asistencia humanitaria y para el desarrollo; la coordinación a menudo deficiente de las respuestas; y la participación insuficiente de las partes interesadas nacionales en los procesos relacionados con las respuestas. Por último, debido las características específicas de los contextos de las crisis prolongadas resulta difícil, y se desaconseja, adoptar enfoques universales.

Sin embargo, hay ejemplos de buenas prácticas para abordar algunos de los problemas básicos de las crisis prolongadas, que van desde mecanismos de financiación innovadores, como los modificadores de crisis, a procesos más amplios gestionados por los países (si desea más información, véase el Recuadro 6). Además, las mujeres de las zonas rurales deberían ser consideradas socias en el proceso de rehabilitación en lugar de simples "víctimas". Los datos demuestran que de hecho los programas de socorro que adoptan una perspectiva de género pueden evitar la malnutrición generalizada y conducir a una recuperación rápida y más amplia de la producción de alimentos y otros aspectos de los medios de vida[66].

Las crisis prolongadas se están convirtiendo en un problema mundial cada vez más importante, que afecta negativamente a la seguridad alimentaria y la nutrición de las personas y que, con frecuencia, se presenta como resultado de la inestabilidad y el conflicto. Existen experiencias positivas pero es necesario ampliarlas, para lo cual debe haber un mayor compromiso político en todos los niveles (véase el Recuadro 7). Los esfuerzos actuales del Comité de Seguridad Alimentaria Mundial (CSA) por concluir el Marco de acción para hacer frente a la inseguridad alimentaria y la malnutrición en situaciones de crisis prolongadas podrían ser un primer paso importante para movilizar el compromiso político y orientar las actividades.

RECUADRO **6**

Modificadores de crisis como mecanismos de financiación innovadores

Los modificadores de crisis son líneas presupuestarias en intervenciones a largo plazo que pueden cambiar rápidamente los objetivos programáticos para dedicarse a la mitigación de una crisis sin pasar por el largo proceso de recaudación de fondos y redacción de propuestas. Este mecanismo permite adoptar un enfoque más integral, ágil y flexible que puede frenar el deterioro de los beneficios del desarrollo en tiempos de crisis a la vez que satisface las necesidades inmediatas. Por tanto, constituye un enfoque valioso para la secuenciación y la integración de la asistencia humanitaria y para el desarrollo en torno a la meta común de fomentar la resiliencia. Este planteamiento fue impulsado por la Agencia para el Desarrollo Internacional (USAID) y la Oficina de Asistencia para Casos de Desastre en el Extranjero (OFDA, en sus siglas en inglés Office of United States Foreign Disaster Assitance) de los Estados Unidos de América en Etiopía con miras a modificar la financiación para el desarrollo con el objetivo de realizar intervenciones inmediatas para salvar vidas en respuesta a la sequía de 2011.

Cambio hacia una gestión global del riesgo

Se está poniendo en marcha una serie de modelos avanzados de gestión del riesgo en los planos continental, nacional y de las comunidades a fin de proporcionar financiación para imprevistos a los gobiernos y seguros a los agricultores en caso de sequía grave u otras catástrofes naturales. La Capacidad Africana para la Gestión de Riesgos es un ejemplo.

Constituye una novedosa asociación entre la Unión Africana, organismos de las Naciones Unidas, fundaciones filantrópicas y proveedores de ayuda que tiene por objeto... "erigirse como entidad financiera independiente controlada por africanos que aporte a los gobiernos africanos fondos para imprevistos oportunos, fiables y eficaces en función de los costos en caso de sequía grave, para lo cual se mancomunan los riesgos de la totalidad del continente"[1]. La asociación emplea los datos sobre las precipitaciones correspondientes a países concretos para determinar un "costo de respuesta" aproximado. Los países pagan a un mecanismo de seguros indexados primas en función de los riesgos probables, con lo cual se mancomuna el riesgo de que se produzca una sequía que afecte a varios países aprovechando la diversidad del sistema meteorológico en toda África. Existen sistemas análogos en el ámbito de las comunidades, como la Iniciativa de Resiliencia Rural R4 en Etiopía y Senegal encaminada a respaldar la resiliencia a la variabilidad y las perturbaciones del clima. Los seguros y otros mecanismos de financiación innovadores no constituyen soluciones independientes, sino que son elementos que deberían considerarse parte de un paquete más amplio para la reducción de los riesgos, el apoyo a los medios de vida y la protección de los activos en situaciones de crisis.

[1] Unión Africana y PMA. 2012. *African Risk Capacity (ARC) briefing book* (disponible en http://www.africanriskcapacity.org/c/document_library/get_file?uuid=9fb04f73-f7c4-47ea-940f-ebe275f55767&groupId=350251).

RECUADRO **7**

Hacer frente a los problemas de seguridad alimentaria y nutrición en situaciones de crisis prolongadas: caso de éxito

Las intervenciones para hacer frente a los problemas de seguridad alimentaria y nutrición en situaciones de crisis prolongadas que se llevan a cabo satisfactoriamente parecen estar con frecuencia relacionadas con medidas preventivas en lugar de respuestas a las repercusiones de crisis recurrentes. Un ejemplo positivo de un país que ha hecho frente a crisis de seguridad alimentaria recurrentes es Etiopía, que recientemente ha alcanzado la meta 1.C de los ODM, relativa al hambre.

Los resultados positivos pueden atribuirse a varios factores interrelacionados: en primer lugar, una tasa de crecimiento anual sin precedentes del producto interno bruto (PIB) del 10 % y, en segundo lugar, un cambio político mediante el cual se han abandonado las actividades humanitarias y urgentes para dar paso a intervenciones a

largo plazo encaminadas a hacer frente a las causas estructurales del hambre, la vulnerabilidad y la pobreza en las zonas más vulnerables y con mayor agotamiento de recursos del país. Hasta 2005, las respuestas a corto plazo y orientadas principalmente a la ayuda alimentaria eran la respuesta habitual en tales casos. Desde 2005, el Gobierno ha puesto en marcha un programa general de protección social, el Programa de red de protección productiva, que llega a unos 7,5 millones de personas vulnerables a través de un enfoque de efectivo o alimentos por trabajo. El valor añadido es que, a la vez que proporciona a los grupos más vulnerables derechos suficientes de acceso a los alimentos, también les permite combatir las causas estructurales de la inseguridad alimentaria, por ejemplo, al mejorar las actividades agrícolas e invertir en infraestructura rural.

Conclusiones principales

- El crecimiento económico es necesario para sostener los avances en los esfuerzos por reducir la pobreza, el hambre y la malnutrición, pero no es suficiente.

- El crecimiento inclusivo —un crecimiento que ofrece oportunidades a las personas con escasos activos, conocimientos y oportunidades— mejora los ingresos y los medios de vida de los pobres y es eficaz en la lucha contra el hambre y la malnutrición. Las poblaciones de las zonas rurales representan un alto porcentaje de las personas que padecen hambre y malnutrición en los países en desarrollo, por lo que las actividades encaminadas a promover el crecimiento de la agricultura y el sector rural pueden ser un componente importante de una estrategia orientada a fomentar el crecimiento inclusivo y la mejora de la seguridad alimentaria y la nutrición.

- En la mayoría de los casos, el aumento de la productividad de los recursos en poder de los agricultores familiares y los pequeños productores es un elemento esencial del crecimiento inclusivo y tiene profundas implicaciones en los medios de vida de las poblaciones rurales pobres y para la economía rural en general. El buen funcionamiento de los mercados de alimentos, insumos y trabajo puede contribuir a integrar a los agricultores familiares y los pequeños productores en la economía rural y permitir a las poblaciones rurales pobres diversificar sus medios de vida, lo que es fundamental para gestionar los riesgos y reducir el hambre y la malnutrición.

- En muchas situaciones, la apertura del comercio internacional ofrece grandes posibilidades para mejorar la seguridad alimentaria y la nutrición al aumentar la disponibilidad de alimentos, así como para promover las inversiones y el crecimiento. Los acuerdos comerciales internacionales deberían proporcionar salvaguardias eficaces y un mayor margen de acción normativa para que los países en desarrollo eviten los efectos perjudiciales en la seguridad alimentaria y la nutrición nacionales.

- La protección social contribuye directamente a la reducción del hambre y la malnutrición mediante el fomento de la seguridad de los ingresos y el acceso a una nutrición, asistencia sanitaria y educación mejores. Gracias al aumento de la capacidad humana y la mitigación de los efectos de las crisis, la protección social fomenta la capacidad de las personas muy pobres para participar en el proceso de crecimiento a través de la mejora del acceso al empleo decente.

- La prevalencia de la inseguridad alimentaria y la malnutrición es considerablemente mayor en contextos de crisis prolongadas derivadas de conflictos y catástrofes naturales. Es necesario un compromiso político firme para abordar las causas profundas de las situaciones de crisis prolongadas. Las actividades deberían centrarse en hacer frente a la vulnerabilidad, respetando los derechos humanos fundamentales e integrando la asistencia humanitaria y para el desarrollo.

CUADRO A1

Prevalencia de la subalimentación y progresos hacia la consecución del objetivo de la Cumbre Mundial sobre la Alimentación (CMA)[1] y la meta del primer Objetivo de Desarrollo del Milenio (ODM)[2] en las regiones en desarrollo

Regiones/Subregiones/Países	Número de personas subalimentadas							Proporción de la población total subalimentada						
	1990-92	2000-02	2005-07	2010-12	2014-16[3]	Variación hasta la fecha[4]	Progresos hacia el objetivo de la CMA[5]	1990-92	2000-02	2005-07	2010-12	2014-16[3]	Variación hasta la fecha[4]	Progresos hacia la meta del primer ODM[5]
	(millones)					(%)		(%)						
TODO EL MUNDO	1 010,6	929,6	942,3	820,7	794,6	– 21,4		18,6	14,9	14,3	11,8	10,9	– 41,6	
Regiones desarrolladas	20,0	21,2	15,4	15,7	14,7	– 26,3		< 5,0	< 5,0	< 5,0	< 5,0	< 5,0	n.a.	○
Regiones en desarrollo	990,7	908,4	926,9	805,0	779,9	– 21,3	◄►	23,3	18,2	17,3	14,1	12,9	– 44,5	●
Países menos adelantados[6]	209,3	244,3	237,6	237,8	250,9	19,9	▲	40,0	36,5	31,4	27,7	26,7	– 33,2	●
Países en desarrollo sin litoral[7]	94,4	112,3	105,2	103,8	107,4	13,8	▲	35,6	33,6	28,1	24,1	22,7	– 36,1	●
Pequeños Estados insulares en desarrollo[8]	10,2	10,7	10,8	9,7	10,1	– 0,5	◄►	24,5	22,5	21,3	18,2	18,0	– 26,3	●
Países de ingresos bajos[9]	199,2	238,4	231,5	236,6	247,6	24,3	▲	39,1	36,6	31,8	28,7	27,5	– 29,7	●
Países de ingresos medio-bajos[10]	407,7	374,5	420,0	353,2	355,6	– 12,8	◄►	22,8	17,5	18,2	14,2	13,5	– 40,7	●
Países de ingresos bajos y con déficit de alimentos[11]	460,2	468,9	512,8	474,0	495,8	7,7	▲	27,6	22,8	22,7	19,2	18,8	– 32,0	●
Regiones de la FAO														
África[12]	175,7	203,6	206,0	205,7	220,0	25,2	▲	33,2	30,0	26,5	24,1	23,2	– 30,1	●
América Latina y el Caribe[13]	66,1	60,3	47,1	38,3	34,3	– 48,0	✳	14,7	11,4	8,4	6,4	5,5	– 62,7	●
Asia y el Pacífico[14]	726,2	617,2	645,3	525,4	490,1	– 32,5	◄►	24,3	18,0	17,8	13,7	12,3	– 49,5	●
Cercano Oriente y África del Norte[15]	16,5	23,1	27,3	33,9	33,0	99,8	▲	6,6	7,5	8,1	8,3	7,5	14,6	●
Europa y Asia Central[16]	9,9	11,5	8,8	7,2	5,9	– 40,3	◄►	8,0	8,5	6,2	< 5,0	< 5,0	n.a.	●
ÁFRICA	181,7	210,2	213,0	218,5	232,5	27,9	▲	27,6	25,4	22,7	20,7	20,0	– 27,7	●
África septentrional[17]	6,0	6,6	7,0	5,1	4,3	– 27,9	◄►	< 5,0	< 5,0	< 5,0	< 5,0	< 5,0	n.a.	●
Argelia	2,1	2,7	2,3	n.s.	n.s.	> – 50,0	▼	7,7	8,4	6,8	< 5,0	< 5,0	n.a.	●
Egipto	n.s.	n.s.	n.s.	n.s.	n.s.	> – 50,0	◄►	< 5,0	< 5,0	< 5,0	< 5,0	< 5,0	n.a.	●
Marruecos	1,5	1,9	1,7	1,7	n.s.	> 0,0	▲	5,9	6,6	5,5	5,2	< 5,0	n.a.	●
Túnez	n.s.	n.s.	n.s.	n.s.	n.s.	> – 50,0	▼	< 5,0	< 5,0	< 5,0	< 5,0	< 5,0	n.a.	●
África subsahariana[18]	175,7	203,6	206,0	205,7	220,0	25,2	▲	33,2	30,0	26,5	24,1	23,2	– 30,1	●
África austral	3,1	3,7	3,5	3,6	3,2	2,3	▲	7,2	7,1	6,2	6,1	5,2	– 28,0	○
Botswana	0,4	0,6	0,6	0,6	0,5	38,3	▲	25,1	36,0	32,2	28,7	24,1	– 4,1	●
Lesotho	0,3	0,2	0,2	0,2	0,2	– 6,3	◄►	15,6	12,3	10,8	11,2	11,2	– 28,0	●
Namibia	0,5	0,5	0,5	0,9	1,0	92,5	▲	35,9	27,3	26,0	39,4	42,3	18,0	●
Sudáfrica	n.s.	n.s.	n.s.	n.s.	n.s.	> – 50,0	▼	< 5,0	< 5,0	< 5,0	< 5,0	< 5,0	n.a.	●
Swazilandia	0,1	0,2	0,2	0,3	0,3	144,4	▲	15,9	19,2	17,4	24,4	26,8	68,6	●
África central	24,2	42,4	47,7	53,0	58,9	143,7	▲	33,5	44,2	43,0	41,5	41,3	23,2	●
Angola	6,8	7,0	5,4	3,8	3,2	– 52,1	✳	63,5	48,9	31,3	18,9	14,2	– 77,6	●
Camerún	4,7	5,0	3,9	2,5	2,3	– 50,5	✳	37,8	30,8	21,0	11,9	9,9	– 73,7	●
Chad	3,6	3,5	4,1	4,8	4,7	28,8	▲	59,1	40,1	39,7	40,1	34,4	– 41,9	○
Congo	1,1	1,0	1,2	1,3	1,4	34,5	▲	43,2	32,0	32,8	29,9	30,5	– 29,6	●
Gabón	0,1	n.s.	n.s.	n.s.	n.s.	< – 50,0	✳	11,7	< 5,0	< 5,0	< 5,0	< 5,0	n.a.	●
República Centroafricana	1,4	1,6	1,6	1,5	2,3	62,7	▲	47,3	42,9	40,6	33,7	47,7	1,0	●
Santo Tomé y Príncipe	< 0,1	< 0,1	< 0,1	< 0,1	< 0,1	– 51,4	✳	22,9	17,6	8,9	5,9	6,6	– 71,2	●

CUADRO A1
Prevalencia de la subalimentación y progresos hacia la consecución del objetivo de la Cumbre Mundial sobre la Alimentación (CMA)[1] y la meta del primer Objetivo de Desarrollo del Milenio (ODM)[2] en las regiones en desarrollo

Regiones/Subregiones/Países	Número de personas subalimentadas							Proporción de la población total subalimentada						
	1990-92	2000-02	2005-07	2010-12	2014-16[3]	Variación hasta la fecha[4]	Progresos hacia el objetivo de la CMA[5]	1990-92	2000-02	2005-07	2010-12	2014-16[3]	Variación hasta la fecha[4]	Progresos hacia la meta del primer ODM[5]
	(millones)					(%)		(%)						
África occidental	**44,6**	**35,9**	**32,3**	**30,4**	**33,7**	**– 24,5**	◀▶	**24,2**	**15,0**	**11,8**	**9,7**	**9,6**	**– 60,2**	●
Benin	1,5	1,6	1,3	1,2	0,8	– 44,3	◀▶	28,1	22,4	15,0	11,9	7,5	– 73,4	●
Burkina Faso	2,4	3,3	3,5	3,5	3,7	57,9	▲	26,0	27,6	25,5	21,7	20,7	– 20,3	●
Cabo Verde	< 0,1	< 0,1	< 0,1	< 0,1	< 0,1	– 17,5	◀▶	16,1	19,2	14,4	12,1	9,4	– 41,5	○
Côte d'Ivoire	1,3	2,7	2,5	2,8	2,8	111,8	▲	10,7	16,3	14,1	14,5	13,3	24,7	●
Gambia	0,1	0,2	0,2	0,1	0,1	– 17,7	◀▶	13,3	13,0	14,9	7,1	5,3	– 60,3	●
Ghana	7,1	3,1	2,3	1,4	n.s.	< – 50,0	✳	47,3	15,9	10,5	5,6	< 5,0	n.a.	●
Guinea	1,5	2,3	2,2	2,0	2,0	37,5	▲	23,2	26,1	22,0	17,8	16,4	– 29,0	●
Guinea-Bissau	0,2	0,3	0,4	0,4	0,4	53,6	▲	23,1	26,6	25,7	22,4	20,7	– 10,5	●
Liberia	0,6	1,1	1,3	1,4	1,4	139,6	▲	29,0	37,8	38,8	34,7	31,9	10,0	●
Malí	1,4	1,3	1,1	n.s.	n.s.	< – 50,0	✳	16,7	12,6	9,0	< 5,0	< 5,0	n.a.	●
Mauritania	0,3	0,3	0,4	0,3	0,2	– 24,7	◀▶	14,6	11,2	11,1	7,6	5,6	– 61,6	●
Níger	2,2	2,3	2,0	1,7	1,8	– 18,0	◀▶	27,7	20,5	14,5	10,5	9,5	– 65,9	●
Nigeria	20,8	11,2	9,3	10,2	12,9	– 38,1	◀▶	21,3	8,9	6,5	6,2	7,0	– 67,0	●
Senegal	1,9	2,9	2,4	1,9	3,7	93,1	▲	24,5	28,2	21,1	14,3	24,6	0,1	●
Sierra Leona	1,7	1,7	2,0	1,6	1,4	– 18,6	◀▶	42,8	40,2	37,1	27,0	22,3	– 47,9	○
Togo	1,5	1,4	1,4	1,2	0,8	– 44,6	▼	37,9	28,7	24,2	18,9	11,4	– 69,9	●
África oriental	**103,9**	**121,6**	**122,5**	**118,7**	**124,2**	**19,6**	▲	**47,2**	**43,1**	**37,8**	**33,7**	**31,5**	**– 33,2**	●
Djibouti	0,5	0,4	0,3	0,2	0,1	– 68,8	✳	74,8	48,9	33,0	22,0	15,9	– 78,8	●
Etiopía	37,3	37,3	34,3	32,1	31,6	– 15,1	◀▶	74,8	54,8	43,8	36,0	32,0	– 57,2	●
Kenya	7,9	10,4	10,4	10,0	9,9	26,0	▲	32,4	32,3	28,2	23,8	21,2	– 34,5	●
Madagascar	3,3	5,8	6,6	6,9	8,0	146,0	▲	27,3	35,6	34,9	31,7	33,0	21,0	●
Malawi	4,3	3,1	3,5	3,3	3,6	– 16,8	◀▶	44,7	27,0	26,4	21,3	20,7	– 53,7	●
Mauricio	< 0,1	< 0,1	< 0,1	n.s.	n.s.	> – 50,0	◀▶	8,1	6,7	5,4	< 5,0	< 5,0	n.a.	●
Mozambique	7,8	7,9	8,0	7,3	6,9	– 12,3	◀▶	56,1	42,1	36,9	29,9	25,3	– 54,9	●
República Unida de Tanzanía	6,4	13,0	14,1	16,1	16,8	163,8	▲	24,2	37,1	35,4	34,7	32,1	32,9	●
Rwanda	3,9	4,7	4,5	3,9	3,9	2,0	▲	55,6	54,3	46,4	35,4	31,6	– 43,1	○
Sudán (antiguo)[19]	10,6	9,6	10,2	n.a.	n.a.	> 0,0		40,0	27,2	25,0	n.a.	n.a.	n.a.	
Uganda	4,2	7,1	6,6	8,7	10,3	143,2	▲	23,2	28,1	22,3	24,8	25,5	10,1	●
Zambia	2,7	4,7	6,0	6,9	7,4	173,1	▲	33,8	45,4	50,7	50,3	47,8	41,4	●
Zimbabwe	4,6	5,5	5,1	4,5	5,0	9,4	▲	42,7	43,7	40,4	33,5	33,4	– 21,9	●
AMÉRICA LATINA Y EL CARIBE	**66,1**	**60,4**	**47,1**	**38,3**	**34,3**	**– 48,0**	✳	**14,7**	**11,4**	**8,4**	**6,4**	**5,5**	**– 62,7**	●
América Latina	**58,0**	**52,1**	**38,8**	**31,0**	**26,8**	**– 53,8**	✳	**13,9**	**10,5**	**7,3**	**5,5**	**< 5,0**	**n.a.**	●
América central	**12,6**	**11,8**	**11,6**	**11,3**	**11,4**	**– 9,6**	◀▶	**10,7**	**8,3**	**7,6**	**6,9**	**6,6**	**– 38,2**	●
Belice	< 0,1	< 0,1	n.s.	< 0,1	< 0,1	16,1	▲	9,7	5,8	< 5,0	5,7	6,2	– 36,2	●
Costa Rica	0,2	0,2	0,2	0,3	n.s.	> 0,0	▲	5,2	5,1	5,6	5,3	< 5,0	n.a.	●
El Salvador	0,9	0,6	0,7	0,8	0,8	– 9,8	◀▶	16,2	10,6	10,7	12,6	12,4	– 23,8	●
Guatemala	1,4	2,3	2,1	2,2	2,5	86,9	▲	14,9	20,4	15,9	14,8	15,6	4,7	●

CUADRO A1

Prevalencia de la subalimentación y progresos hacia la consecución del objetivo de la Cumbre Mundial sobre la Alimentación (CMA)[1] y la meta del primer Objetivo de Desarrollo del Milenio (ODM)[2] en las regiones en desarrollo

Regiones/Subregiones/Países	Número de personas subalimentadas							Proporción de la población total subalimentada						
	1990-92	2000-02	2005-07	2010-12	2014-16[3]	Variación hasta la fecha[4]	Progresos hacia el objetivo de la CMA[5]	1990-92	2000-02	2005-07	2010-12	2014-16[3]	Variación hasta la fecha[4]	Progresos hacia la meta del primer ODM[5]
	(millones)					(%)		(%)						
Honduras	1,2	1,2	1,2	1,1	1,0	− 11,5	◄►	23,0	18,5	16,4	14,6	12,2	− 47,1	○
México	6,0	n.s.	n.s.	n.s.	n.s.	> − 50,0	◄►	6,9	< 5,0	< 5,0	< 5,0	< 5,0	n.a.	●
Nicaragua	2,3	1,6	1,3	1,2	1,0	− 55,0	✳	54,4	31,3	23,2	19,5	16,6	− 69,5	●
Panamá	0,7	0,9	0,8	0,5	0,4	− 43,8	▼	26,4	27,6	22,9	13,4	9,5	− 64,2	●
América del Sur	**45,4**	**40,3**	**27,2**	**n.s.**	**n.s.**	**< − 50,0**	**✳**	**15,1**	**11,4**	**7,2**	**< 5,0**	**< 5,0**	**n.a.**	●
Argentina	n.s.	n.s.	n.s.	n.s.	n.s.	< − 50,0	✳	< 5,0	< 5,0	< 5,0	< 5,0	< 5,0	n.a.	●
Bolivia (Estado Plurinacional de)	2,6	2,8	2,8	2,5	1,8	− 33,6	◄►	38,0	32,8	29,9	24,5	15,9	− 58,1	●
Brasil	22,6	19,9	n.s.	n.s.	n.s.	< − 50,0	✳	14,8	11,2	< 5,0	< 5,0	< 5,0	n.a.	●
Chile	1,2	n.s.	n.s.	n.s.	n.s.	< − 50,0	✳	9,0	< 5,0	< 5,0	< 5,0	< 5,0	n.a.	●
Colombia	5,0	3,9	4,2	5,3	4,4	− 12,1	◄►	14,6	9,6	9,7	11,2	8,8	− 39,8	○
Ecuador	2,0	2,4	2,6	2,0	1,8	− 12,3	◄►	19,4	18,6	18,8	12,8	10,9	− 44,0	○
Guyana	0,2	< 0,1	< 0,1	< 0,1	< 0,1	− 48,2	✳	22,8	9,7	10,4	11,8	10,6	− 53,6	●
Paraguay	0,9	0,7	0,7	0,8	0,7	− 14,0	◄►	19,5	12,9	11,2	12,1	10,4	− 46,6	○
Perú	7,0	5,4	5,3	3,2	2,3	− 66,6	✳	31,6	20,7	18,9	10,7	7,5	− 76,2	●
Suriname	< 0,1	< 0,1	< 0,1	< 0,1	< 0,1	− 31,2	◄►	15,5	13,9	11,5	8,3	8,0	− 48,2	●
Uruguay	0,3	n.s.	n.s.	n.s.	n.s.	< − 50,0	✳	8,6	< 5,0	< 5,0	< 5,0	< 5,0	n.a.	●
Venezuela (República Bolivariana de)	2,8	3,8	2,5	n.s.	n.s.	< − 50,0	✳	14,1	15,3	9,0	< 5,0	< 5,0	n.a.	●
Caribe[20]	**8,1**	**8,2**	**8,3**	**7,3**	**7,5**	**− 7,2**	**◄►**	**27,0**	**24,4**	**23,5**	**19,8**	**19,8**	**− 26,6**	●
Barbados	n.s.	< 0,1	< 0,1	n.s.	n.s.	> 0,0	▲	< 5,0	5,2	6,7	< 5,0	< 5,0	n.a.	●
Cuba	0,6	n.s.	n.s.	n.s.	n.s.	< − 50,0	✳	5,7	< 5,0	< 5,0	< 5,0	< 5,0	n.a.	●
Haití	4,4	4,8	5,4	4,9	5,7	27,7	▲	61,1	55,2	57,1	49,3	53,4	− 12,6	●
Jamaica	0,2	0,2	0,2	0,2	0,2	− 8,3	◄►	10,4	7,3	7,0	8,3	8,1	− 22,3	○
República Dominicana	2,5	2,5	2,3	1,6	1,3	− 48,5	✳	34,3	28,4	24,2	15,9	12,3	− 64,3	●
San Vicente y las Granadinas	< 0,1	< 0,1	< 0,1	< 0,1	< 0,1	− 69,7	✳	20,7	16,8	9,2	6,4	6,2	− 70,1	●
Trinidad y Tabago	0,2	0,2	0,2	0,1	0,1	− 35,4	▼	12,6	11,9	11,7	9,9	7,4	− 41,0	○
ASIA	**741,9**	**636,5**	**665,5**	**546,9**	**511,7**	**− 31,0**	**◄►**	**23,6**	**17,6**	**17,3**	**13,5**	**12,1**	**− 48,9**	●
Asia meridional	**291,2**	**272,3**	**319,1**	**274,2**	**281,4**	**− 3,4**	**◄►**	**23,9**	**18,5**	**20,1**	**16,1**	**15,7**	**− 34,4**	●
Asia meridional (excluida la India)	**81,1**	**86,7**	**85,3**	**84,3**	**86,8**	**7,0**	**▲**	**24,5**	**21,0**	**19,0**	**17,5**	**17,0**	**− 30,6**	●
Afganistán	3,8	10,0	8,3	7,1	8,6	126,1	▲	29,5	46,7	32,3	24,3	26,8	− 9,0	●
Bangladesh	36,0	27,7	24,3	26,5	26,3	− 27,0	◄►	32,8	20,6	16,8	17,3	16,4	− 49,9	●
India	210,1	185,5	233,8	189,9	194,6	− 7,4	◄►	23,7	17,5	20,5	15,6	15,2	− 36,0	●
Irán (República Islámica del)	2,9	3,8	4,7	4,7	n.s.	> 0,0	▲	5,1	5,6	6,6	6,2	< 5,0	n.a.	●
Maldivas	< 0,1	< 0,1	< 0,1	< 0,1	< 0,1	− 31,6	▼	12,2	11,9	15,4	8,7	5,2	− 57,6	●
Nepal	4,2	5,2	4,1	2,5	2,2	− 47,3	◄►	22,8	21,9	15,8	9,2	7,8	− 65,6	●
Pakistán	28,7	34,4	38,1	38,3	41,4	44,2	▲	25,1	23,4	23,7	21,8	22,0	− 12,4	●
Sri Lanka	5,4	5,7	5,9	5,3	4,7	− 11,6	◄►	30,6	29,7	29,1	25,3	22,0	− 28,3	●
Asia occidental[21]	**8,2**	**14,0**	**17,2**	**18,4**	**18,9**	**129,5**	**▲**	**6,4**	**8,6**	**9,3**	**8,8**	**8,4**	**32,2**	●
Arabia Saudita	n.s.	n.s.	n.s.	n.s.	n.s.	> − 50,0	◄►	< 5,0	< 5,0	< 5,0	< 5,0	< 5,0	n.a.	●
Emiratos Árabes Unidos	n.s.	n.s.	n.s.	n.s.	n.s.	> 0,0	▲	< 5,0	< 5,0	< 5,0	< 5,0	< 5,0	n.a.	●

CUADRO A1
Prevalencia de la subalimentación y progresos hacia la consecución del objetivo de la Cumbre Mundial sobre la Alimentación (CMA)[1] y la meta del primer Objetivo de Desarrollo del Milenio (ODM)[2] en las regiones en desarrollo

Regiones/Subregiones/Países	Número de personas subalimentadas							Proporción de la población total subalimentada						
	1990-92	2000-02	2005-07	2010-12	2014-16[3]	Variación hasta la fecha[4] (%)	Progresos hacia el objetivo de la CMA[5]	1990-92	2000-02	2005-07	2010-12	2014-16[3]	Variación hasta la fecha[4]	Progresos hacia la meta del primer ODM[5]
	(millones)							(%)						
Iraq	1,4	5,8	7,3	7,8	8,1	470,4	▲	7,9	23,5	26,0	24,5	22,8	189,7	🔴
Jordania	0,2	0,3	n.s.	n.s.	n.s.	> − 50,0	◀▶	5,5	6,0	< 5,0	< 5,0	< 5,0	n.a.	🟢
Kuwait	0,8	n.s.	n.s.	n.s.	n.s.	< − 50,0	✳	39,4	< 5,0	< 5,0	< 5,0	< 5,0	n.a.	🟢
Líbano	n.s.	n.s.	n.s.	n.s.	n.s.	> 0,0	▲	< 5,0	< 5,0	< 5,0	< 5,0	< 5,0	n.a.	🟢
Omán	0,3	0,2	0,2	n.s.	n.s.	< − 50,0	✳	15,1	9,3	7,9	< 5,0	< 5,0	n.a.	🟢
Turquía	n.s.	n.s.	n.s.	n.s.	n.s.	< − 50,0	✳	< 5,0	< 5,0	< 5,0	< 5,0	< 5,0	n.a.	🟢
Yemen	3,6	5,3	6,1	6,1	6,7	85,6	▲	28,9	29,4	29,7	26,3	26,1	− 9,7	🟡
Asia oriental	**295,4**	**221,7**	**217,6**	**174,7**	**145,1**	**− 50,9**	**✳**	**23,2**	**16,0**	**15,2**	**11,8**	**9,6**	**− 58,5**	🟢
Asia oriental (excluida China)	**6,4**	**10,4**	**10,3**	**11,5**	**11,3**	**77,6**	**▲**	**9,6**	**14,6**	**13,9**	**15,1**	**14,6**	**50,9**	🔴
China	289,0	211,2	207,3	163,2	133,8	− 53,7	✳	23,9	16,0	15,3	11,7	9,3	− 60,9	🟢
Mongolia	0,7	0,9	0,9	0,7	0,6	− 9,8	◀▶	29,9	36,1	34,0	24,5	20,5	− 31,5	🟡
República de Corea	n.s.	n.s.	n.s.	n.s.	n.s.	< − 50,0	✳	< 5,0	< 5,0	< 5,0	< 5,0	< 5,0	n.a.	🟢
República Popular Democrática de Corea	4,8	8,7	8,5	10,3	10,5	118,5	▲	23,3	37,7	35,5	42,0	41,6	78,4	🔴
Asia sudoriental	**137,5**	**117,6**	**103,2**	**72,5**	**60,5**	**− 56,0**	**✳**	**30,6**	**22,3**	**18,3**	**12,1**	**9,6**	**− 68,5**	🟢
Brunei Darussalam	n.s.	n.s.	n.s.	n.s.	n.s.	> − 50,0	◀▶	< 5,0	< 5,0	< 5,0	< 5,0	< 5,0	n.a.	🟢
Camboya	3,0	3,6	2,7	2,5	2,2	− 26,1	◀▶	32,1	28,5	19,6	16,8	14,2	− 55,8	🟢
Filipinas	16,7	16,1	14,3	12,7	13,7	− 17,9	◀▶	26,3	20,3	16,4	13,4	13,5	− 48,8	🟢
Indonesia	35,9	38,3	42,7	26,9	19,4	− 45,9	▼	19,7	18,1	18,8	11,1	7,6	− 61,6	🟢
Malasia	1,0	n.s.	n.s.	n.s.	n.s.	> − 50,0	◀▶	5,1	< 5,0	< 5,0	< 5,0	< 5,0	n.a.	🟢
Myanmar	26,8	24,3	17,0	9,4	7,7	− 71,4	✳	62,6	49,6	33,7	18,0	14,2	− 77,4	🟢
República Democrática Popular Lao	1,9	2,1	1,6	1,4	1,3	− 30,6	◀▶	42,8	37,9	26,9	21,4	18,5	− 56,8	🟢
Tailandia	19,8	11,6	7,7	6,0	5,0	− 74,9	✳	34,6	18,4	11,7	8,9	7,4	− 78,7	🟢
Timor-Leste	0,4	0,4	0,3	0,3	0,3	− 10,0	◀▶	45,2	41,6	34,0	31,2	26,9	− 40,4	🟡
Viet Nam	32,1	20,7	15,9	12,2	10,3	− 68,0	✳	45,6	25,4	18,5	13,6	11,0	− 75,8	🟢
Cáucaso y Asia central	**9,6**	**10,9**	**8,4**	**7,1**	**5,8**	**− 39,9**	**◀▶**	**14,1**	**15,3**	**11,3**	**8,9**	**7,0**	**− 50,8**	🟢
Armenia	0,9	0,7	0,2	0,2	0,2	− 80,8	✳	27,3	23,0	8,2	6,8	5,8	− 78,8	🟢
Azerbaiyán	1,8	1,4	n.s.	n.s.	n.s.	< − 50,0	✳	23,6	17,1	< 5,0	< 5,0	< 5,0	n.a.	🟢
Georgia	3,0	0,8	0,3	0,4	0,3	− 89,4	✳	56,5	16,3	6,0	10,1	7,4	− 86,8	🟢
Kazajstán	n.s.	n.s.	0,8	n.s.	n.s.	> − 50,0	◀▶	< 5,0	< 5,0	5,0	< 5,0	< 5,0	n.a.	🟢
Kirguistán	0,7	0,8	0,5	0,4	0,3	− 53,1	✳	15,9	16,7	9,4	7,2	6,0	− 62,6	🟢
Tayikistán	1,6	2,5	2,8	2,9	2,9	78,3	▲	28,1	39,5	40,5	36,8	33,2	18,2	🔴
Turkmenistán	0,4	0,4	0,2	n.s.	n.s.	< − 50,0	✳	8,6	8,4	5,1	< 5,0	< 5,0	n.a.	🟢
Uzbekistán	n.s.	3,6	3,3	2,2	n.s.	> 0,0	▲	< 5,0	14,4	12,4	7,7	< 5,0	n.a.	🟢
OCEANÍA[22]	**1,0**	**1,3**	**1,3**	**1,3**	**1,4**	**51,5**	**▲**	**15,7**	**16,5**	**15,4**	**13,5**	**14,2**	**− 9,9**	🟡
Fiji	< 0,1	n.s.	n.s.	n.s.	n.s.	> − 50,0	◀▶	6,6	< 5,0	< 5,0	< 5,0	< 5,0	n.a.	🟢
Islas Salomón	< 0,1	< 0,1	< 0,1	< 0,1	< 0,1	− 17,1	◀▶	24,8	15,0	12,0	10,7	11,3	− 54,5	🟢
Kiribati	< 0,1	n.s.	n.s.	n.s.	n.s.	> − 50,0	◀▶	7,5	< 5,0	< 5,0	< 5,0	< 5,0	n.a.	🟢
Samoa	< 0,1	< 0,1	n.s.	n.s.	n.s.	< − 50,0	✳	10,7	5,2	< 5,0	< 5,0	< 5,0	n.a.	🟢
Vanuatu	< 0,1	< 0,1	< 0,1	< 0,1	< 0,1	0,1	▲	11,2	8,2	7,0	6,1	6,4	− 42,8	🟡

Metodología para evaluar la seguridad alimentaria y los progresos realizados hacia la consecución de las metas internacionales respecto del hambre

Conjunto de indicadores de la seguridad alimentaria

La seguridad alimentaria es un fenómeno complejo que se manifiesta en numerosos trastornos físicos con múltiples causas. En *El estado de la inseguridad alimentaria en el mundo, 2013* se presentó un conjunto de indicadores de la seguridad alimentaria que miden por separado las cuatro dimensiones de la seguridad alimentaria a fin de permitir una evaluación más matizada de la inseguridad alimentaria.

En FAOSTAT (http://faostat3.fao.org/download/D/FS/S) y en el sitio web de la FAO (http://www.fao.org/economic/ess/ess-fs/indicadores-de-la-seguridad-alimentaria/es/) pueden consultarse datos actualizados sobre el conjunto de indicadores de la seguridad alimentaria, que también pueden descargarse.

FIGURA **A2.1**

Conjunto de indicadores de la seguridad alimentaria

INDICADORES DE LA SEGURIDAD ALIMENTARIA	DIMENSIÓN
Suficiencia del suministro medio de energía alimentaria Valor medio de la producción de alimentos	DISPONIBILIDAD
Proporción del suministro de energía alimentaria derivada de cereales, raíces y tubérculos Suministro medio de proteínas Suministro medio de proteínas de origen animal	DISPONIBILIDAD
Porcentaje del total de carreteras que están asfaltadas Densidad de carreteras Densidad de líneas de ferrocarril	ACCESO
Producto interno bruto (a paridad del poder adquisitivo)	ACCESO
Índice nacional de precios de los alimentos	ACCESO
Prevalencia de la subalimentación Proporción del gasto de los pobres destinada a alimentos Alcance del déficit de alimentos Prevalencia de la insuficiencia de alimentos	ACCESO
Coeficiente de dependencia de las importaciones de cereales Porcentaje de las tierras cultivables equipadas para el riego Valor de las importaciones de alimentos respecto de las exportaciones totales de mercancías	ESTABILIDAD
Estabilidad política y ausencia de violencia o terrorismo Volatilidad de los precios nacionales de los alimentos Variabilidad de la producción de alimentos per cápita Variabilidad del suministro de alimentos per cápita	ESTABILIDAD
Acceso a fuentes de agua mejoradas Acceso a servicios de saneamiento mejorados	UTILIZACIÓN
Porcentaje de niños menores de cinco años que padecen emaciación Porcentaje de niños menores de cinco años que padecen retraso del crecimiento Porcentaje de niños menores de cinco años que padecen insuficiencia ponderal Porcentaje de adultos que padecen insuficiencia ponderal Prevalencia de la anemia entre las mujeres embarazadas Prevalencia de la anemia entre los niños menores de cinco años Prevalencia de la carencia de vitamina A en la población Prevalencia de la carencia de yodo en la población	UTILIZACIÓN

Fuente: FAO.

Indicador de la prevalencia de la subalimentación

Con el indicador de la prevalencia de la subalimentación (PoU) de la FAO se calcula la probabilidad de que una persona de la población de referencia elegida aleatoriamente consuma una cantidad de calorías inferior a la que necesita para llevar una vida activa y sana. Se expresa con la siguiente fórmula:

$$PoU \equiv \int_{x<MDER} f(x)dx$$

en la que $f(x)$ es la función de densidad de probabilidad del consumo de calorías per cápita. La distribución de probabilidad utilizada para inferir los niveles habituales de consumo de energía alimentaria (CEA) en una población, $f(x)$, se refiere a niveles normales de consumo diario de energía durante un año. La distribución de probabilidad $f(x)$ y las necesidades mínimas de energía alimentaria (NMEA) están relacionadas con un individuo representativo de la población, de edad, sexo, estatura y nivel de actividad física medios.

Para estimar la PoU debe establecerse una forma funcional para $f(x)$ elegida a partir de una familia paramétrica. Los parámetros que caracterizan a $f(x)$ son el nivel medio de CEA per cápita en calorías; las NMEA; el coeficiente de variación (CV) como parámetro que da cuenta de la desigualdad en el consumo de alimentos; y un parámetro (AS) que determina la asimetría en la distribución.

Para aplicar esta metodología es preciso: i) elegir una forma funcional de la distribución del consumo de alimentos $f(x)$; ii) determinar los valores de los tres parámetros, es decir, el consumo medio de alimentos (CEA), su variabilidad (CV) y su asimetría (AS); y iii) calcular el umbral de las NMEA.

Elección de una forma funcional para la distribución

A partir de la Sexta encuesta alimentaria mundial, efectuada en 1996[67], se da por supuesto que la distribución es logarítmica normal. Este modelo resulta adecuado a efectos analíticos, pero tiene una flexibilidad limitada, especialmente a la hora de reflejar la asimetría de la distribución.

Como parte de las revisiones realizadas para la edición de 2012 de *El estado de la inseguridad alimentaria en el mundo*, la metodología pasó de hacer uso exclusivo de la distribución logarítmica normal basada en dos parámetros, a adoptar familias más flexibles de distribución asimétrica normal y asimétrica logarítmica normal basadas en tres parámetros[68]. La flexibilidad derivada del tercer parámetro permite caracterizar de forma independiente la asimetría de la distribución.

A modo de perfeccionamiento ulterior, los propios datos se emplean en el presente informe como fundamento de la adopción de decisiones sobre la forma de distribución adecuada[69]. De este modo, como criterio de selección se aplica la asimetría empírica de la distribución del consumo de calorías per cápita procedente de encuestas nacionales por hogares[70]. Empleando la asimetría derivada de la distribución logarítmica normal como límite superior del nivel de asimetría, la distribución asimétrica logarítmica normal, de la que la distribución logarítmica normal constituye un caso

especial, se emplea como fase intermedia en el paso a la distribución asimétrica normal, que en sí es una forma más general de distribución normal. El modelo obtenido permite registrar las reducciones de la desigualdad en el consumo de alimentos, como las resultantes de programas selectivos de intervención alimentaria, lo cual facilita una transición sin complicaciones a una distribución en la que el consumo de alimentos es simétrico.

Estimación y previsión del consumo medio de alimentos

Para calcular el CEA per cápita en un país, la FAO ha recurrido tradicionalmente a las hojas de balance de alimentos, disponibles sobre más de 180 países. En la mayoría de los países este criterio se aplicaba principalmente porque no se disponía de encuestas periódicas adecuadas. Mediante datos sobre la producción, el comercio y la utilización de productos alimenticios, se obtiene la cantidad total de energía alimentaria disponible para el consumo humano en un país durante un año usando datos sobre la composición de los alimentos, lo que permite obtener la estimación del suministro de energía alimentaria per cápita.

Como parte de la revisión realizada para la edición de 2012 de *El estado de la inseguridad alimentaria en el mundo*, se incorporó un parámetro que registra las pérdidas de alimentos durante la distribución en el ámbito de la venta al por menor con ánimo de obtener valores más precisos del consumo per cápita. Las pérdidas calóricas específicas de cada región, estimadas a partir de datos proporcionados en un reciente estudio de la FAO[71], iban del 2 % de la cantidad distribuida en el caso de los granos secos hasta el 10 % en el caso de los productos perecederos, como frutas y hortalizas frescas.

El último período en relación con el cual se ha estimado la prevalencia de la subalimentación es el promedio de los años 2014-16. Este criterio se deriva de la necesidad de mantener la coherencia con las evaluaciones anteriores de la subalimentación (basadas en promedios de tres años desde 1990-92) y el seguimiento de los Objetivos de Desarrollo del Milenio y del objetivo de la Cumbre Mundial sobre la Alimentación, que finaliza en 2015 (véase la siguiente sección). El último período debe ser un promedio de tres años centrado en el año 2015, es decir, de 2014 a 2016, por lo que es necesario calcular el CEA per cápita y proyectarlo hasta el año 2016.

Los últimos datos disponibles de las hojas de balance de alimentos se refieren al año 2013 en el caso de la mayoría de los países[72], mientras que sobre otros países solo se dispone de datos hasta 2011. Por lo tanto, hubo que recurrir a otras fuentes para estimar el CEA correspondiente a años posteriores. La fuente principal para los datos que faltan, relativos a 2012, 2013 y 2014, son estimaciones del consumo de alimentos extraídas de las perspectivas a corto plazo del mercado preparadas por la División de Comercio y Mercados de la FAO. La División calcula la disponibilidad per cápita de los principales productos básicos (cereales, carne, semillas oleaginosas y azúcar) en la mayoría de países del mundo. Estas estimaciones se emplearon para prorratear los datos de las hojas de balance de alimentos a fin de formular las previsiones para 2012, 2013 y 2014. Estas previsiones se actualizan cada seis meses y deben complementarse con proyecciones de los años más recientes.

Se empleó el modelo Holt-Winters de desfasamiento distribuido para proyectar el CEA en 2015 y 2016; en algunos casos se aplicó también este modelo para calcular las proyecciones de 2014, cuando no se disponía de datos de la División de Comercio y Mercados o estos no eran fiables. En el modelo Holt-Winters se aplica un proceso conocido con el nombre de alisado exponencial que atribuye coeficientes de ponderación mayores a los datos más recientes y coeficientes de ponderación progresivamente inferiores a las observaciones más antiguas. Los coeficientes disminuyen con cada período en una cuantía constante que obedece a una curva exponencial. Cuando mediante el modelo Holt-Winters de desfasamiento distribuido no se obtuvieron resultados plausibles, se aplicaron métodos de previsión más sencillos, como extrapolaciones de tendencias lineales o exponenciales. En el caso de algunos países, en particular aquellos sobre los cuales las estimaciones de la División de Comercio y Mercados parecían conducir a resultados inverosímiles, se tuvo que aplicar una previsión econométrica a todo el período abarcado por las proyecciones.

■ Estimación de los coeficientes de variación y de asimetría[73]

Nuevo método de tratamiento de los datos

Los parámetros de variabilidad (CV) y asimetría (AS) proceden de encuestas nacionales por hogares siempre que estas están disponibles y son fiables. En estas encuestas se suele recopilar información sobre la alimentación en el marco del módulo de gastos. Los datos procedentes de estas encuestas, cuando se toman como observaciones del consumo habitual individual, presentan una gran variabilidad. Por ello es fundamental aplicar métodos de tratamiento de los datos antes de estimar los parámetros, algo especialmente indicado en el caso del parámetro AS, que es sensible a la presencia de valores extremos[74].

El método aplicado en la presente edición de *El estado de la inseguridad alimentaria en el mundo* para determinar la solidez de las estadísticas en relación con una muestra se conoce con el nombre de "validación cruzada dejando uno fuera". Conforme a este enfoque, para una muestra de tamaño n se crean submuestras de tamaño ($n - 1$) en las que se suprime sistemáticamente cada observación de una submuestra. Respecto de cada submuestra puede analizarse la sensibilidad de la estadística que interesa (en este caso, el parámetro AS) a la observación excluida y se eliminan las observaciones que tienen grandes repercusiones. El método permite calcular con seguridad el parámetro AS insensible a cualquier observación aislada que figure en el conjunto de datos.

Control de la variabilidad excesiva

En vista de que la finalidad original de las encuestas nacionales por hogares es medir el nivel de vida de la población y sus variaciones, los datos recopilados se refieren normalmente a la adquisición de alimentos en un determinado período de referencia. Sin embargo, con los análisis de la seguridad alimentaria del presente informe se pretende averiguar el consumo habitual de alimentos, previsiblemente menos variable que la adquisición de alimentos. Por consiguiente, la variabilidad excesiva se controla suponiendo

que la relación entre ingresos y consumo de calorías es estable, lo cual sirve para anular la variabilidad excesiva derivada de la acumulación de existencias de alimentos en unos hogares en combinación con su agotamiento en otros. Esta variabilidad excesiva se controlaba antes agrupando los niveles de consumo de alimentos en los hogares en función de deciles de ingresos[75].

En la presente edición de *El estado de la inseguridad alimentaria en el mundo* se emplea una versión del método descrito basada en una regresión lineal que vincula el logaritmo de los ingresos per cápita con el consumo de calorías per cápita, añadiendo variables de los indicadores en función del mes en que se efectuó la encuesta para controlar la estacionalidad. La regresión puede expresarse con la siguiente fórmula:

$$PPC_i = \beta_0 + \beta_1 * \log(inc_i) + \beta_2 Month_{1,i} + \beta_3 Month_{2,i} + \cdots + \beta_m Month_{m-1,i}$$

en la que PPC_i es el consumo de calorías per cápita en el hogar i, β_0 se refiere a la ordenada en el origen, β_1 es un parámetro de regresión que define la relación lineal entre el logaritmo que vincula los ingresos con el consumo de alimentos y $Mes_{j,i}$ es una variable del indicador cuyo valor será 1 si la encuesta en el hogar i se realizó en el mes j. La variabilidad en el consumo de alimentos debida a los ingresos se calcula a continuación a partir de los valores adaptados de la regresión, ajustados en función de la estacionalidad.

Nueva estimación de los CV indirectos

El procedimiento descrito hasta ahora se emplea en países donde se dispone de una o más encuestas nacionales por hogares fiables. De no ser así, se recurre a las denominadas estimaciones indirectas de la variabilidad del consumo de alimentos. Los CV indirectos se estimaron empleando las relaciones entre los CV procedentes de datos disponibles de las encuestas por hogares y algunas variables macroeconómicas. Antes se criticaba con frecuencia la metodología de indicadores de la PoU porque en la mayoría de los países mantenía constantes los CV, que dan cuenta de la desigualdad en el consumo de alimentos, en el curso del tiempo[76]. Esta práctica no tiene en cuenta los progresos económicos registrados en un país ni las modificaciones en la distribución del consumo de alimentos. Para resolver esta situación, en el presente informe se han actualizado las estimaciones indirectas del año 2000 en adelante empleando una relación revisada entre los CV derivados de los ingresos y de las variables macroeconómicas que también registra las modificaciones de los precios de los alimentos.

Para investigar a fondo los efectos de las modificaciones de los precios de los alimentos en el acceso a los alimentos deberán usarse mediciones de los precios nacionales. En colaboración con el Banco Mundial, la FAO ha elaborado un indicador del precio relativo de los alimentos usando datos del Programa de Comparación Internacional[77] y los índices de los precios de los alimentos al consumidor disponibles en FAOSTAT[78]. El indicador está pensado para registrar variaciones de los precios nacionales de los alimentos que sean comparables a medida que pasa el tiempo y entre países. La proporción entre consumo de alimentos y consumo general a paridad del poder adquisitivo se proyecta hacia el futuro y hacia el pasado aplicando la proporción entre el índice de precios de los alimentos al consumidor del país y el índice general de precios al consumidor del país en relación con el de los Estados Unidos de América.

Partiendo del conjunto de datos sobre coeficientes de Gini más completo de que se dispone[79], se ha usado una regresión para poner en relación la variabilidad del consumo de alimentos derivada de los ingresos con el logaritmo del producto interno bruto (PIB), el coeficiente de Gini y el logaritmo del indicador del precio relativo de los alimentos. El PIB y los indicadores del precio relativo de los alimentos aparecen en la escala logarítmica, lo que da a entender que las modificaciones en valores bajos de estas variables tendrán una repercusión mayor en el CV correspondiente a los ingresos. Para garantizar la comparabilidad entre países en distintos momentos, se ha usado el PIB per cápita en dólares internacionales constantes de 2005 a paridad del poder adquisitivo, calculado por el Banco Mundial. Se han incorporado indicadores regionales relativos a África, las Américas, Asia y Asia occidental. Se ha incorporado un valor de interacción entre el PIB y el indicador del precio relativo de los alimentos para dar cuenta de los efectos diferenciales del precio de los alimentos en distintos niveles del PIB. En vista de la existencia de observaciones múltiples (más de una encuesta) sobre algunos países, se empleó una regresión ponderada en la que cada observación se ponderaba por un valor de uno más del número de encuestas disponibles en relación con ese país.

Con los parámetros de la regresión descritos se ha actualizado la variabilidad en el consumo de alimentos derivada de los ingresos respecto de los países sobre los que se disponía de coeficientes de Gini y de datos sobre el precio relativo de los alimentos y el PIB. Cabe observar que los coeficientes de Gini de la base de datos del Banco Mundial difieren dependiendo de si se calculan en relación con el hogar o con la persona, con el consumo o con el gasto y con los ingresos brutos o netos, diferencias que dificultan la comparabilidad entre distintos tipos de coeficiente de Gini[80]. Por ello se ha procedido con cautela para velar por que dentro de un solo país se usara el mismo tipo de cálculo de coeficientes de Gini; para mantener la comparabilidad entre países solo se usaron modificaciones relativas de los valores de la regresión previstos para actualizar el parámetro CV. En las actualizaciones resultantes se tienen en cuenta los progresos económicos de un país, así como las modificaciones de los precios relativos de los alimentos, lo cual ofrece una imagen más completa de la desigualdad en el consumo de alimentos.

Nueva computación de la variabilidad debida a las necesidades

Para obtener la variabilidad total en el consumo de alimentos utilizada a fin de calcular la PoU, la variabilidad debida a los ingresos $(CV|y)$ se suma a la variabilidad debida a todos los demás factores no correlacionados con los ingresos $(CV|r)$:

$$CV(x) = \sqrt{(CV|y)^2 + (CV|r)^2}$$

Gran parte de la variabilidad ortogonal a los ingresos se debe a diferencias en las necesidades energéticas, a su vez determinadas en gran medida por la estructura de la población, así como por los niveles de actividad física, los estilos de vida, el acceso a agua apta para el consumo y los avances en la atención sanitaria y la reducción de las enfermedades. En anteriores análisis se observaba poca variabilidad en este subcomponente, entre países y en el curso del tiempo, frente al componente de ingresos, por lo que la variabilidad debida a las necesidades se ha mantenido en un valor fijo.

En atención a la rápida evolución de la estructura de la población a escala mundial[81], se han elaborado estimaciones de la variabilidad en el consumo de alimentos debida a las necesidades en distintos países y distintos momentos. Usando como coeficientes de ponderación estimaciones de las necesidades medias de energía alimentaria en función del sexo y la categoría de edad[82] y las correspondientes proporciones de la población[83], se estima la variación debida a las necesidades en un determinado país y en un año determinado. Además, se sigue trabajando con vistas a dar cuenta del resto de la variabilidad ortogonal a los ingresos. La revisión que aquí se estudia permite estimar la variabilidad en el consumo de alimentos para consignar con mayor precisión las diferencias demográficas entre países y la evolución demográfica dentro de un solo país.

▪ Estimación del umbral de necesidades mínimas de energía alimentaria

Para calcular el umbral de NMEA, la FAO utiliza criterios normativos de necesidades de energía basados en una consulta conjunta de expertos de la FAO, la Organización Mundial de la Salud (OMS) y la Universidad de las Naciones Unidas celebrada en 2001. Estos criterios se obtienen calculando las necesidades de un metabolismo básico (es decir, la energía consumida por el cuerpo humano en estado de reposo) y multiplicando el resultado por un factor que toma en consideración la actividad física: el denominado índice de nivel de actividad física.

Dado que los niveles de eficiencia metabólica y actividad física del individuo varían dentro de grupos de población del mismo sexo y edad, las necesidades energéticas se expresan como rangos para estos grupos. Para obtener el umbral de NMEA, el valor mínimo de cada rango entre los adultos y adolescentes se especifica sobre la base de la distribución de pesos corporales ideales y el punto medio de los valores del índice de nivel de actividad física asociado con un estilo de vida sedentario (1,55). El peso corporal más bajo para una altura determinada que sea compatible con una buena salud se calcula sobre la base del quinto percentil de la distribución de índices de masa corporal en poblaciones sanas.

Una vez que se han establecido las necesidades mínimas de cada grupo en función del sexo y la edad, el umbral de NMEA correspondiente a la población se obtiene como media ponderada en la que se toma como coeficiente de ponderación la frecuencia relativa de individuos en cada grupo. El umbral se determina con referencia a una actividad física ligera normalmente asociada con un estilo de vida sedentario, pero ello no niega el hecho de que la población incluye también personas que realizan ejercicio físico moderado o intenso. Es solo una forma de evitar que se sobrestime la insuficiencia alimentaria cuando únicamente se registran niveles de consumo de alimentos que no pueden ajustarse individualmente a las necesidades cambiantes.

Un error de interpretación que se comete frecuentemente al evaluar la insuficiencia alimentaria sobre la base de los datos del consumo alimentario observado es referirse al punto medio del intervalo global de necesidades como umbral para determinar un consumo inadecuado de energía dentro de la población. De ese modo se obtendrían estimaciones acusadamente incorrectas: incluso en grupos integrados únicamente por personas bien alimentadas, cerca de la mitad de ellas tendrán niveles de consumo inferiores a las necesidades medias, ya que los grupos incluirán personas que realizan una actividad física ligera. La utilización de la necesidad media como umbral generaría indudablemente una sobrestimación, ya que todos los individuos adecuadamente alimentados con necesidades inferiores a la media quedarían clasificados erróneamente como subalimentados[84].

El valor de los umbrales de las NMEA se actualiza cada dos años a partir de revisiones periódicas de las evaluaciones de la población a cargo de la División de Población de las Naciones Unidas, así como de datos sobre la estatura de la población procedentes de diversas fuentes, principalmente del documento *Monitoring and Evaluation to Assess and Use Results* del proyecto de encuestas de demografía y salud, coordinado por la Agencia de los Estados Unidos para el Desarrollo Internacional (USAID). En la presente edición de *El estado de la inseguridad alimentaria en el mundo* se utilizan estimaciones actualizadas de la población procedentes de la revisión de 2012, publicada en junio de 2013 por la División de Población de las Naciones Unidas. Cuando no se dispone de datos sobre la estatura de la población, se recurre a datos sobre la estatura en países en los que predominan etnias similares o a modelos en los que se emplea información parcial para calcular la altura de distintos grupos de personas clasificadas en función del sexo y la edad.

Limitaciones de la metodología y críticas frecuentes

La metodología de la FAO para estimar la subalimentación ha sido objeto de amplios debates desde hace mucho tiempo. La metodología adolece de varias limitaciones que deben reconocerse y tenerse presentes al analizar los resultados presentados en este informe.

En primer lugar, el indicador se basa en una definición estricta de "hambre" que únicamente abarca la ingestión insuficiente de energía alimentaria durante más de un año. La ingesta energética es un aspecto muy concreto de la inseguridad alimentaria que resulta pertinente cuando las condiciones son más graves. Es probable que quienes encuentran dificultades para obtener alimentos suficientes recurran a fuentes de energía más baratas y comprometan de esa manera la calidad de su ingestión alimentaria, pudiendo causar daños considerables[85]. Para superar esta limitación, con posterioridad a la edición de 2013 de *El estado de la inseguridad alimentaria en el mundo* se presentó el conjunto de indicadores de la seguridad alimentaria de la FAO. El conjunto consta de indicadores que obedecen a un concepto más amplio de inseguridad alimentaria y hambre y permiten tener presente su carácter polifacético.

En segundo lugar, el indicador de la PoU no puede registrar las fluctuaciones dentro de un mismo año por lo que se refiere a la capacidad de extraer suficiente energía de los alimentos, fluctuaciones que también pueden causar dificultades a la población. Las fluctuaciones dentro de un mismo año también pueden afectar a la calidad de la dieta, en la medida en que los consumidores recurrirán a alimentos más baratos en los períodos en los que el acceso resulte más difícil.

En tercer lugar, la metodología de la FAO para calcular la subalimentación no puede dar cuenta de los posibles sesgos en la distribución de los alimentos en el seno de un hogar[86], como los derivados de hábitos culturales o de hábitos y creencias determinados por el género. Como se observaba antes, los parámetros mediante los que se describe la distribución de los alimentos en la población proceden de encuestas por hogares, no de información relativa a individuos.

Una última limitación importante de la metodología de la FAO para registrar la PoU se debe a que no presenta información sobre la gravedad de las condiciones de inseguridad alimentaria a las que está sometida la población. El modelo paramétrico descrito en el presente anexo solo permite estimar la proporción de subalimentación en una población, pero no dice nada de la composición de la subalimentación en esa parte de la población.

En el debate sobre la medición de la subalimentación, la metodología de la FAO ha sido objeto de dos críticas frecuentes:

- El indicador subestima la subalimentación, pues da por sentado un nivel de actividad física asociado con un estilo de vida sedentario, mientras que las personas pobres a menudo realizan actividades físicas exigentes.
- La metodología se basa en macrodatos, mientras que los microdatos de las encuestas permiten medir el consumo de alimentos con exactitud.

En lo que respecta a la primera crítica, lo ideal sería evaluar la subalimentación a nivel individual comparando las necesidades energéticas de la persona con la ingesta energética individual, lo cual permitiría clasificar a cada miembro de la población como persona subalimentada o no subalimentada. Sin embargo, este enfoque resulta inviable por dos motivos: las necesidades energéticas individuales prácticamente no pueden observarse mediante métodos normalizados de recopilación de datos, y el consumo individual de alimentos hoy en día solo se mide con precisión en unos pocos países y en relación con muestras relativamente limitadas. Los datos sobre el consumo individual de alimentos que pueden estimarse a partir de las encuestas nacionales por hogares son en gran medida aproximados a causa de las diferencias en la distribución de los alimentos en el seno del hogar, la variabilidad de las necesidades energéticas individuales y las fluctuaciones diarias del consumo de alimentos, que pueden producirse por motivos ajenos a la inseguridad alimentaria. La solución adoptada por la FAO ha consistido en estimar la PoU en relación con el conjunto de la población, resumiéndolo por medio de una persona representativa, y combinar con los macrodatos los microdatos disponibles sobre consumo de alimentos. Dentro de la población existe un rango de valores relativos a las necesidades energéticas que son compatibles con un buen estado de salud, toda vez que el peso corporal, la eficiencia metabólica y los niveles de actividad física varían. Por lo tanto, desde un punto de vista probabilístico, únicamente los valores situados por debajo del mínimo de este rango pueden relacionarse con la subalimentación. En consecuencia, para que la PoU indique que un individuo seleccionado aleatoriamente en una población está subalimentado, el umbral adecuado ha de ser el extremo inferior del intervalo de necesidades energéticas.

En cuanto a la segunda crítica, la metodología de la FAO combina de hecho los microdatos disponibles sobre consumo de alimentos, procedentes de encuestas, con los macrodatos extraídos de las hojas de balance de alimentos. Estas hojas aportan información sobre la cantidad de alimentos disponibles para el consumo después de tener en cuenta todos los posibles usos alternativos de los productos alimenticios; en ese sentido, aportan medidas aproximadas del consumo per cápita que están disponibles sobre un gran número de países y son comparables. La metodología adoptada para registrar estos datos se está revisando actualmente, junto con las estimaciones de los parámetros del desperdicio empleados para obtener el CEA; de ese modo, está previsto que el nivel de precisión aumente en el curso de los próximos años. Los datos de las encuestas, cuando se dispone de ellos y son fiables, se usan en la metodología de la FAO para registrar los parámetros de variabilidad (CV) y asimetría (AS) que caracterizan la distribución del consumo de alimentos $f(x)$. Así pues, es fundamental mejorar las encuestas por hogares que recopilan datos sobre el consumo de alimentos para obtener mediciones más exactas de la subalimentación. Esas mejoras obligarán a promover un mayor grado de normalización de las encuestas nacionales por hogares y a realizar encuestas perfeccionadas que midan la ingesta de alimentos a escala individual. De momento son pocas las encuestas que miden con precisión el consumo habitual de alimentos a escala individual o recopilan información suficiente sobre las características antropométricas y los niveles de actividad de cada persona encuestada; dicho de otro modo, muy pocas encuestas permitirían calcular el umbral pertinente de las necesidades energéticas a escala individual.

En conclusión, la calidad de las estimaciones de la PoU depende en gran medida de la calidad de los datos originales empleados en la estimación; de ahí que para obtener mejores estimaciones de la subalimentación sea importante mejorar los datos sobre consumo de alimentos mediante la elaboración y la realización de encuestas de alta calidad representativas a escala nacional que sean comparables en el curso del tiempo y entre países.

Criterios para la identificación de los países que han alcanzado la meta 1.C de los ODM, relativa al hambre, y el objetivo de la Cumbre Mundial sobre la Alimentación de 1996

Atendiendo a la recomendación del Comité de Seguridad Alimentaria Mundial (CSA)[87], se han identificado los países que han alcanzado las dos metas, sobre la base del número de personas subalimentadas y la PoU.

El objetivo de la Cumbre Mundial sobre la Alimentación de 1996 se definió en la Declaración de Roma sobre la Seguridad Alimentaria Mundial[88], en la que los representantes de 182 gobiernos se comprometieron a *"…erradicar el hambre de todos los países, con el objetivo inmediato de reducir el número de personas desnutridas a la mitad de su nivel actual no más tarde del año 2015"*. La FAO utilizó las estimaciones del número de personas subalimentadas como base para el seguimiento de los progresos realizados hacia este objetivo.

Con el establecimiento de los Objetivos de Desarrollo del Milenio se determinaron indicadores de los progresos respecto de cada objetivo a fin de seguir los progresos realizados en los ámbitos nacional y mundial. Como período de referencia se estableció el período de 25 años comprendidos entre 1990 y 2015. El primer Objetivo de Desarrollo del Milenio (ODM 1) engloba tres metas diferenciadas:

- reducir a la mitad la pobreza en el mundo;
- lograr el empleo pleno y productivo y el trabajo decente para todos;
- reducir a la mitad el porcentaje de personas que padecen hambre para 2015.

El indicador de los progresos respecto de la tercera meta, conocida como meta 1.C, es la PoU.

A finales de la década de 1990, la FAO empezó a realizar el seguimiento de los progresos realizados hacia la consecución del objetivo de la Cumbre Mundial sobre la Alimentación y la meta 1.C de los ODM, relativa al hambre, utilizando el trienio 1990-92 como punto de partida. Ambas metas deben alcanzarse para finales de 2015. A fin de mantener la coherencia con el período de tiempo inicial y la definición de las metas de los ODM, se han evaluado los progresos hasta un período promedio de tres años centrado en 2015, es decir, de 2014 a 2016.

Al mismo tiempo se prevé evaluar la consecución de todos los ODM en relación con el período de 25 años de 1990 a 2015; sin embargo, en el caso de la PoU, se disponía solo de observaciones relativas al período de 24 años entre 1990-92 y 2014-16. Para hacer frente a esta posible incoherencia, se ha ajustado en un factor de 24/25 la reducción del 50 % en el número de personas subalimentadas y la PoU necesaria para alcanzar el objetivo de la Cumbre Mundial sobre la Alimentación y la meta 1.C de los ODM, respectivamente. En la práctica, esto significa que se ha usado un punto límite del 48 %.

Glosario de términos utilizados en este informe

Antropometría: Utilización de las medidas del cuerpo humano para obtener información acerca del estado nutricional.

Desnutrición: Resultado de la subalimentación, o de absorción y/o uso biológico deficientes de los nutrientes consumidos como resultado de repetidas enfermedades infecciosas. Comprende la insuficiencia ponderal en relación con la edad, la estatura demasiado baja para la edad (retraso del crecimiento), la delgadez peligrosa en relación con la estatura (emaciación) y el déficit de vitaminas y minerales (malnutrición por carencia de micronutrientes).

Emaciación: Peso bajo para la estatura, resultante por lo general de una pérdida de peso asociada a un período reciente de inanición o enfermedad.

Estado nutricional: Estado fisiológico de una persona que se deriva de la relación entre la ingesta de nutrientes, las necesidades de nutrientes y la capacidad del organismo para digerir, absorber y utilizar dichos nutrientes.

Hambre: En este informe el término hambre se utiliza como sinónimo de subalimentación crónica.

Hipernutrición [estado patológico resultante de la sobrealimentación]: Consecuencia de una ingesta dietética excesiva con respecto a las necesidades de nutrientes.

Índice de masa corporal (IMC) Relación entre peso y estatura que se obtiene dividiendo el peso en kilogramos por el cuadrado de la estatura en metros.

Ingesta de energía alimentaria: Contenido de energía de los alimentos consumidos.

Inseguridad alimentaria: Situación que se da cuando las personas carecen de acceso seguro a una cantidad de alimentos inocuos y nutritivos suficiente para el crecimiento y desarrollo normales así como para llevar una vida activa y sana. Las causas son múltiples: no disponibilidad de alimentos, poder adquisitivo insuficiente, distribución inapropiada o uso inadecuado de los alimentos en el interior del hogar. La inseguridad alimentaria, condiciones de salud y saneamiento deficientes así como prácticas de cuidados sanitarios y alimentación inadecuadas son las principales causas de un mal estado nutricional. La inseguridad alimentaria puede ser crónica, estacional o transitoria.

Insuficiencia ponderal: Peso bajo para la edad en los niños, e IMC inferior a 18,5 en los adultos, que refleja una condición actual resultante de una ingesta insuficiente de alimentos, episodios pasados de desnutrición o malas condiciones de salud.

Intervención que incluye la dimensión de la nutrición: Intervención diseñada para abordar los factores determinantes básicos de la nutrición (que incluyen la seguridad alimentaria de los hogares, el cuidado de las madres y los niños y servicios de atención sanitaria primaria y saneamiento) pero que no tiene necesariamente la nutrición como objetivo predominante.

Kilocaloría (kcal): Unidad de medida de la energía. Una kilocaloría equivale a 1 000 calorías. En el Sistema Internacional de Unidades, la unidad universal de energía es el julio (J). Una kilocaloría = 4,184 kilojulios (kJ).

Macronutrientes: En este informe, las proteínas, los carbohidratos y las grasas que están disponibles para la obtención de energía. Se miden en gramos.

Malnutrición: Estado fisiológico anormal debido a un consumo insuficiente, desequilibrado o excesivo de macronutrientes o micronutrientes. La malnutrición incluye la desnutrición y la hipernutrición así como las carencias de micronutrientes.

Micronutrientes: Vitaminas, minerales y determinadas otras sustancias que el organismo necesita en pequeñas cantidades. Se miden en miligramos o microgramos.

Necesidades de energía alimentaria: Cantidad de energía alimentaria que necesita una persona para mantener las funciones fisiológicas, la salud y un nivel de actividad normal.

Necesidades mínimas de energía alimentaria: En una categoría específica de edad/sexo, cantidad mínima de energía alimentaria por persona que se considera suficiente para satisfacer las necesidades de energía de una persona con un índice de masa corporal (IMC) mínimo aceptable y que realiza actividad física ligera. En relación con una población entera, las necesidades mínimas de energía equivalen al promedio ponderado de las necesidades mínimas de energía de los distintos grupos de edad/sexo. Se expresa como kilocalorías por persona y día.

Retraso del crecimiento: Estatura baja para la edad, que refleja un episodio o episodios pasados prolongados de desnutrición.

Seguridad alimentaria: Situación que se da cuando todas las personas tienen, en todo momento, acceso físico, social y económico a suficientes alimentos inocuos y nutritivos para satisfacer sus necesidades alimenticias y sus preferencias en cuanto a los alimentos a fin de llevar una vida activa y sana. Con arreglo a esta definición, pueden determinarse cuatro dimensiones de la seguridad alimentaria: disponibilidad de alimentos, acceso físico y económico a los mismos, utilización de los alimentos y estabilidad a lo largo del tiempo.

Seguridad nutricional: Situación que se da cuando se dispone de acceso seguro a una dieta suficientemente nutritiva combinado con un entorno salubre y servicios sanitarios y de atención de la salud adecuados, a fin de que todos los miembros de la familia puedan llevar una vida sana y activa. La seguridad nutricional difiere de la seguridad alimentaria en el sentido de que considera también los aspectos relativos a prácticas de atención adecuadas, la salud y la higiene además de la suficiencia de la dieta.

Sobrealimentación [consumo excesivo de alimentos]: Ingesta dietética continuamente superior a las necesidades de energía alimentaria.

Sobrepeso y obesidad: Peso corporal superior a lo normal para la estatura como consecuencia de una acumulación excesiva de grasa. Suelen ser una manifestación de la sobrealimentación. El sobrepeso se define como un IMC superior a 25 pero inferior a 30 y la obesidad, como un IMC de 30 o más.

Subalimentación: Estado, con una duración de al menos un año, de incapacidad para adquirir alimentos suficientes, que se define como un nivel de ingesta de alimentos insuficiente para satisfacer las necesidades de energía alimentaria. A los efectos del presente informe, el hambre se define como sinónimo de subalimentación crónica.

Suficiencia del suministro de energía alimentaria: Suministro de energía alimentaria expresado como porcentaje de las necesidades medias de energía alimentaria.

Suministro de energía alimentaria (SEA): Disponibilidad de alimentos para el consumo humano, expresada en kilocalorías por persona y día (kcal/persona/día). A nivel nacional, se calcula como los alimentos que quedan para uso humano tras la deducción de todo el consumo no alimenticio (es decir, alimentos = producción + importaciones + reservas utilizadas – exportaciones –uso industrial – piensos –semillas –desperdicios – cantidades destinadas a las reservas). Los desperdicios incluyen las pérdidas de productos utilizables durante las cadenas de distribución desde la salida de la explotación (o el puerto de importación) hasta el nivel minorista.

1   La proporción de personas subalimentadas respecto de la población mundial es el indicador conocido como prevalencia de la subalimentación. En los anexos 2 y 3 del presente informe se incluye información más detallada.

2   En el presente informe las referencias a las regiones en desarrollo responden a la definición establecida en la clasificación M49 de los países de las Naciones Unidas (véase http://unstats.un.org/unsd/methods/m49/m49regin.htm). Los países incluidos en estas regiones se enumeran también en el Anexo 1, Cuadro A1.

3   Si se excluye a China y la India del conjunto de regiones en desarrollo, la reducción de la subalimentación muestra una tendencia continuada a la baja más estable. Por sí solas, China e India representan el 81 % de la reducción total del número de personas subalimentadas de las regiones en desarrollo entre 1990-92 y 2014-16, y solo China supone casi dos tercios del total.

4   Declaración de Roma sobre la Seguridad Alimentaria Mundial, aprobada en la CMA, Roma, 13-17 de noviembre de 1996.

5   Esta es la meta 1.C de los ODM (véase http://www.un.org/es/millenniumgoals/).

6   En el Anexo 2 se ofrece información detallada sobre el cálculo de los progresos en lo que respecta a la meta 1.C de los ODM y el objetivo de la CMA de 1996. Para la valoración de los avances realizados hacia la consecución de estas metas, que la FAO inició a finales de la década de 1990, se tomó el trienio 1990-92 como período de referencia. Tanto la meta relativa al hambre de los ODM como el objetivo de la CMA deben alcanzarse antes de que finalice 2015. A fin de mantener la coherencia, los avances se han evaluado con referencia a un promedio trienal centrado en el año 2015, es decir, 2014-16. Teóricamente la consecución de los ODM se debe valorar respecto del período de 25 años comprendido entre 1990 y 2015; sin embargo, dado que solo existen datos sobre el período de 24 años entre 1990-92 y 2014-16, ha sido necesario ajustar en un factor de 24/25 el cambio del 50 % necesario para considerar que se han alcanzado los objetivos. Esto corresponde a una reducción de la prevalencia de la subalimentación del 48 % con respecto a 1990-92.

7   La parte correspondiente al África subsahariana aumentó del 45 % al 60 %.

8   Esta afirmación es correcta si no se incluye Sudán en la región: tras la partición del país cuando Sudán del Sur se convirtió en un Estado independiente en 2011, Sudán se trasladó a la subregión de África septentrional.

9   En la nota 6 y el Anexo 2 se proporciona más información sobre la valoración de los países que alcanzaron la meta 1.C de los ODM y el objetivo de la CMA.

10   Esta es la región a la que se hace referencia como "Middle Africa" en la clasificación de países M49 adoptada por las Naciones Unidas (véase http://unstats.un.org/unsd/methods/m49/m49regin.htm para obtener el listado completo) y en la versión en inglés del Cuadro A1.1 del Anexo 1 al presente documento ("África central" en la versión española).

11   Las tasas de crecimiento anual actuales son, por ejemplo, del 2,5 % en Gambia y Ghana; 2,6 % en Mauritania y Togo: 2,7 % en Benin y Camerún; 2,9 % en Malawi, Malí, Mozambique, Nigeria y Santo Tomé y Príncipe; y 3,2 % en Angola. Véase Population Reference Bureau. 2014. Cuadro de Datos de la Población Mundial 2014 (disponible en http://www.prb.org/pdf14/2014-world-population-data-sheet_spanish.pdf).

12   Tras la división en 2011 del antiguo Sudán en dos países, Sudán del Sur se clasificó como parte del África subsahariana, mientras que Sudán se añadió a África septentrional. Los datos de la Figura 4 y el Cuadro A1 del Anexo 1 relativos a la región de África septentrional no tienen en cuenta a Sudán, a fin de permitir la valoración adecuada de los progresos entre 1990-92 y 2014-16.

13   Véase, por ejemplo, el estudio de caso sobre Tayikistán incluido en la edición de 2013 de SOFI.

14   Véase, por ejemplo, el estudio de caso sobre Yemen incluido en la edición de 2014 de SOFI.

15   FAO/ECLAC/ALADI. 2015. Plan para la seguridad alimentaria, nutrición y erradicación del hambre de la CELAC 2025. Resumen Ejecutivo (disponible en http://www.fao.org/fileadmin/user_upload/rlc/docs/celac/ENG_Plan_CELAC_2025.pdf).

16   Véase, por ejemplo, el estudio de caso sobre Haití de la edición de 2014 de SOFI.

17   El ciclón Pam, que azotó Vanuatu con vientos de 270 km/hora, estaba clasificado como ciclón de categoría 5, el segundo más potente que se haya jamás formado en la región del Pacífico Sur.

18   Una diferencia metodológica obvia entre los dos indicadores es la cobertura de la población: la insuficiencia ponderal se mide solo en niños menores de cinco años de edad, mientras que la subalimentación se mide en toda la población. Otras diferencias tienen que ver con la forma en que se recopilan los datos para estos indicadores. La altura y el peso de los niños se mide directamente en las encuestas por hogares, mientras que la disponibilidad de alimentos suficientes y el acceso a estos se calcula por medio de un modelo estadístico que analiza la información proveniente de múltiples fuentes de datos (véase el Anexo 2).

19   La prevalencia de la insuficiencia ponderal entre los niños menores de cinco años comenzó a vigilarse en 1990 y la prevalencia de la subalimentación, en el período 1990-92. La última fecha en que se dispone de datos sobre el primer indicador es 2013, mientras que en relación con el segundo es el período 2014-16. No se dispone de información sobre ambos indicadores de los mismos grupos de países, por lo que todas las comparaciones se limitan a totales regionales.

20   En 1990 el índice de desarrollo humano era de 0,399 en el África subsahariana frente a un promedio mundial de 0,597. Véase PNUD. 2014. Informe sobre el Desarrollo Humano 2014. Sostener el Progreso Humano: reducir vulnerabilidades y construir resiliencia. Nueva York (EE.UU.), Cuadro 2 (disponible en http://hdr.undp.org/es/content/table-2-human-development-index-trends-1980-2013).

21   La proporción del PIB dedicada al gasto sanitario en el África subsahariana era de tres puntos porcentuales menos que en el resto del mundo (un 6 % frente a un 9 %).

22   Para un resumen del debate sobre este punto, véase N. Alexandratos y J. Bruinsma. 2012. World agriculture towards 2030/2050: the 2012 revision. Documento de trabajo de la División de Economía del Desarrollo Agrícola n.º 12-03. Roma, FAO.

23   Véase FAO. 2015. Indicadores de la seguridad alimentaria. Sitio web (disponible en http://www.fao.org/economic/ess/ess-fs/indicadores-de-la-seguridad-alimentaria/es/#.VTwQ3CGqqko).

24   P. Karfakis, G. Rapsomanikis y E. Scambelloni. 2015 (en prensa). The drivers of hunger reduction. Documento de trabajo de la ESA. Roma, FAO.

NOTAS

25   Comisión para el Crecimiento y el Desarrollo. 2008. *Informe sobre el crecimiento. Estrategias para el crecimiento sostenido y el desarrollo incluyente.* Washington, D.C. Banco Mundial.

26   Para una definición de crisis prolongada, véanse FAO y PMA. 2010. *El estado de la inseguridad alimentaria en el mundo, 2010. La inseguridad alimentaria en crisis prolongadas.* Roma, FAO.

27   Véase la Declaración de Ginebra sobre Violencia Armada y Desarrollo. 2011. *Carga Global de la Violencia Armada 2011: encuentros letales.* Ginebra (Suiza) (disponible en http://www.genevadeclaration.org/measurability/global-burden-of-armed-violence/global-burden-of-armed-violence-2011.html); FAO. 2013. *Study suggests 258 000 Somalis died due to severe food insecurity and famine.* Comunicado de prensa (disponible en http://www.fao.org/somalia/news/detail-events/es/c/247642/).

28   J. P. Azevedo, G. Inchauste y V. Sanfelice. 2013. *Decomposing the recent inequality decline in Latin America.* Documento de trabajo n.º 6715 de investigación sobre políticas. Washington, D.C., Banco Mundial.

29   FAO, FIDA y PMA. 2012. *El estado de la inseguridad alimentaria en el mundo, 2012. El crecimiento económico es necesario pero no suficiente para acelerar la reducción del hambre y la malnutrición.* Roma, FAO.

30   Organización Internacional del Trabajo (OIT). 2012. *Tendencias mundiales del empleo 2012. Prevenir una crisis mayor del empleo.* Ginebra (Suiza).

31   FAO. 2012. *Empleo rural decente para la seguridad alimentaria: una llamada a la acción.* Roma.

32   FAO, FIDA y PMA, 2012. (véase la nota 29); L. Christiaensen, L. Demery y J. Kuhl. 2011. The (evolving) role of agriculture in poverty reduction: an empirical perspective. En *Journal of Development Economics*, 96: 239-254.

33   FAO. 2011. *El estado mundial de la agricultura y la alimentación, 2010-11. Las mujeres en la agricultura. Cerrar la brecha de género en aras del desarrollo.* Roma.

34   N. Kabeer. 2014. *Gender equality and economic growth: a view from below.* Informe preparado para la reunión del Grupo de expertos de ONU-Mujeres "Envisioning women's rights in the post-2015 context" (Visualización de los derechos de la mujer en el contexto posterior a 2015), Nueva York, 3-5 de noviembre de 2014.

35   Centro Internacional de Políticas para el Crecimiento Inclusivo. 2009. *What explains the decline in Brazil's inequality?* One Pager No. 89. Brasilia, Centro Internacional de Políticas para el Crecimiento Inclusivo, Dirección de Políticas de Desarrollo del Programa de las Naciones Unidas para el Desarrollo (PNUD) y el Gobierno del Brasil.

36   Gobierno del Brasil. 2014. *Indicadores de Desenvolvimento Brasileiro 2001-2012.* Brasilia.

37   FAO. 2014. *El estado mundial de la agricultura y la alimentación, 2014. La innovación en la agricultura familiar.* Roma.

38   Los cálculos se basan en datos recopilados por el *Global Yield Gap Atlas*, una iniciativa de la Universidad de Nebraska-Lincoln, la Universidad Wageningen y el instituto *Water for Food* (véase http://www.yieldgap.org/).

39   Banco Mundial. 2008. *Informe sobre el desarrollo mundial 2008. Agricultura para el desarrollo.* Washington, D.C.; y FIDA. 2011. *Informe sobre la pobreza rural 2011. Nuevas realidades, nuevos desafíos: nuevas oportunidades para la generación del mañana.* Roma.

40   H. Thomas, ed. 2006. *Trade reforms and food security: country case studies and synthesis.* Roma, FAO.

41   WomenWatch. 2011. *Gender equality and trade policy.* Documento recurso (disponible en inglés en http://www.un.org/womenwatch/feature/trade/gender_equality_and_trade_policy.pdf).

42   E. Magrini, P. Montalbano, S. Nenci y L. Salvatici. 2014. *Agricultural trade policies and food security: is there a causal relationship?* Documento de trabajo n.º 25 de FOODSECURE (disponible en inglés en http://www3.lei.wur.nl/FoodSecurePublications/25_Salvatici_et_al_Agtrade-policies-FNS.pdf).

43   FAO. 2014. *Policy responses to high food prices in Latin America and the Caribbean: country case studies*, editado por D. Dawe y E. Krivonos. Roma.

44   OIT. 2014. *Informe mundial sobre la protección social, 2014-2015: hacia la recuperación económica, el desarrollo inclusivo y la justicia social.* Ginebra (Suiza).

45   *Ibid.*

46   Asociación Internacional de la Seguridad Social. 2011. *Africa: a new balance for social security.* Ginebra (Suiza).

47   U. Gentilini, M. Honorati y R. Yemtsov. 2014. *The State of Social Safety Nets 2014.* Washington, D.C., Banco Mundial.

48   Conferencia Internacional del Trabajo. 2012. *Recommendation no. 202 concerning national floors for social protection* (disponible en inglés en http://www.ilo.org/brussels/WCMS_183640/lang--en/index.htm).

49   OIT, 2014 (véase la nota 44).

50   A. Fiszbein, R. Kanbur y R. Yemtsov. 2014. Social protection and poverty reduction: global patterns and some targets. *World Development*, 61(1): 167-177.

51   PMA. 2012. *Bangladesh food security for the ultra poor: lessons learned report 2012.* Roma.

52   M. Madajewicz, A.H. Tsegay y M. Norton. 2013. *Managing risks to agricultural livelihoods: impact evaluation of the HARITA Program in Tigray, Ethiopia, 2009–2012.* Boston (EE.UU.), Oxfam America y FAO. 2014. *The economic impacts of cash transfer programmes in sub-Saharan Africa.* From Protection to Production Policy Brief (disponible en inglés en http://www.fao.org/3/a-i4194e.pdf).

53   *The Lancet.* 2013. Serie Maternal and Child Nutrition. *The Lancet*, 382(9890); y The Transfer Project. 2015. *The broad range of cash transfer impacts in sub-Saharan Africa: consumption, human capital and productive activity.* Informe de investigación (disponible en inglés en http://ovcsupport.net/wp-content/uploads/2015/03/TP-Broad-Impacts-of-SCT-in-SSA_NOV-2014.pdf).

54   Véase, por ejemplo, M. Van den Bold, A. Quisumbing y S. Gillespie. *Women's empowerment and nutrition.* Documento de debate del IFPRI n.º 01294. Washington, D.C., Instituto Internacional de Investigación sobre Políticas Alimentarias.

55   H. Alderman y M. Mustafa. 2013. *Protección social y nutrición.* Nota preparada para la Reunión técnica preparatoria para la Segunda Conferencia Internacional sobre Nutrición (CIN2), Roma, 13-15 de noviembre de 2013. Roma, FAO y Organización Mundial de la Salud.

56   A. Harmer y J. Macrae, eds. 2004. *Beyond the continuum: aid policy in protracted crises.* HPG Report n.º 18, pág. 1. Londres, Instituto de Desarrollo de Ultramar.

57 Criterios para identificar los países en situaciones de crisis prolongada: i) longevidad de la crisis: al menos ocho de los últimos 10 años en la lista del Sistema mundial de información y alerta sobre la alimentación y la agricultura (SMIA); ii) flujo de ayuda: al menos el 10 % del total de la asistencia oficial para el desarrollo recibida en forma de ayuda humanitaria (entre 2000 y 2010); iii) situación económica y relativa a la seguridad alimentaria: los países figuran en la lista de los países de bajos ingresos y con déficit de alimentos. Hay que reconocer que la metodología empleada en *El estado de la inseguridad alimentaria en el mundo, 2010* (véase la nota 26) utilizaba tres criterios, entre otros posibles, y que la lista que figura en la publicación no está cerrada.

58 En la lista actualizada de países en situaciones de crisis prolongada figuran los siguientes: el Afganistán, Burundi, el Chad, el Congo, Cote d'Ivoire, Eritrea, Etiopía, Guinea, Haití, el Iraq, Kenya, Liberia, la República Centroafricana, la República Democrática del Congo, la República Popular Democrática de Corea, Sierra Leona, Somalia, el Sudan, Uganda y Zimbabwe.

59 P. Pingali, L. Alinovi y J. Sutton. 2005. Food security in complex emergencies: enhancing food system resilience. *Disasters*, 29(51): S5-S24.

60 Foro de expertos de alto nivel. 2012. *La inseguridad alimentaria en las crisis prolongadas. Panorama general.* Documento preparado para el Foro de expertos de alto nivel sobre la inseguridad alimentaria en las crisis prolongadas, Roma, 13 y 14 de septiembre de 2012.

61 Lista del SMIA de los países que necesitan ayuda externa (disponible en http://www.fao.org/Giews/english/hotspots/index.htm).

62 Se está trabajando por alcanzar un nuevo pacto, conocido como Pacto del Bósforo, sobre el modo de gestionar más eficazmente el riesgo en situaciones de crisis recurrentes y prolongadas. Se prevé que se presente el pacto en mayo de 2016 en la Cumbre Humanitaria Mundial.

63 Lista del SMIA (véase la nota 61).

64 J. Adoko y S. Levine. 2004. *Land matters in displacement: the importance of land rights in Acholiland and what threatens them.* Kampala, Civil Society Organizations for Peace in Northern Uganda.

65 Programa de las Naciones Unidas para el Desarrollo (PNUD). 2012. *Africa Human Development Report 2012. Towards a food secure future.* Nueva York (EE.UU.).

66 FAO y PMA, 2010 (véase la nota 26).

67 FAO. 1996. *The Sixth World Food Survey.* Roma.

68 C. Cafiero. 2012. Avances en la medición del hambre. Ponencia presentada en el Simposio Científico Internacional sobre Información acerca de la Seguridad Alimentaria y Nutricional: De la medición válida a una adopción eficaz de decisiones. Roma, Sede de la FAO, 17-19 de enero de 2012.

69 N. Wanner, C. Cafiero, N. Troubat y P. Conforti. 2014. *Refinements to the FAO Methodology for estimating the Prevalence of Undernourishment Indicator.* Documento de trabajo n.º ESS/14-05 de la División de Estadística de la FAO (disponible en http://www.fao.org/3/a-i4046e.pdf).

70 Las encuestas nacionales por hogares comprenden encuestas sobre gastos e ingresos de los hogares, encuestas sobre el presupuesto de los hogares y estudios de medición de los niveles de vida.

71 J. Gustavsson, C. Cederberg, U. Sonesson, R. van Otterdijk y A. Meybeck. 2011. *Global food losses and food waste: Extent, causes and prevention.* Roma, FAO.

72 Se dispone de datos de hojas de balance de alimentos hasta el año 2013 relativos al Afganistán, Angola, Argelia, Bangladesh, Belice, el Brasil, Burkina Faso, el Chad, China, Colombia, Côte d'Ivoire, Etiopía, Filipinas, Guatemala, Haití, la India, Indonesia, Jamaica, Kenya, Madagascar, México, Mozambique, Myanmar, Nepal, Nigeria, el Pakistán, Panamá, el Paraguay, el Perú, la República Dominicana, la República Popular Democrática de Corea, la República Unida de Tanzanía, Sri Lanka, el Sudán, Tailandia, Viet Nam, el Yemen, Zambia y Zimbabwe. Estos países representan alrededor del 70 % de las personas subalimentadas de acuerdo con *El estado de la inseguridad alimentaria en el mundo, 2014.*

73 Si desea más información, sírvase consultar N. Wanner, C. Cafiero, N. Troubat y P. Conforti, 2014 (véase la nota 69).

74 T.-H. Kim y H. White. 2004. On more robust estimation of skewness and kurtosis. *Finance Research Letters*, 1(1): 56-73.

75 FAO. 2003. *Proceedings: Measurement and Assessment of Food Deprivation and Undernutrition: International Scientific Symposium, Roma, 26-28 de junio de 2002.* Roma.

76 L. C. Smith. 1998. Can FAO's measure of chronic undernourishment be strengthened? *Food Policy*, 23(5): 425-445.

77 Banco Mundial. 2008. 2005 *International Comparison Program: tables of final results.* Washington, D.C.

78 Base de datos estadística FAOSTAT (disponible en http://faostat.fao.org/).

79 Banco Mundial. Totalidad de la base de datos de Gini (disponible en http://econ.worldbank.org/projects/inequality).

80 F. Solt. 2009. Standardizing the world income inequality database. *Social Science Quarterly*, 90(2): 231-242.

81 Naciones Unidas. 2013. *World Population Ageing 2013.* Nueva York (EE.UU.).

82 Universidad de las Naciones Unidas, OMS y FAO. 2004. *Human energy requirements: Report of a Joint FAO/WHO/UNU Expert Consultation. Rome, 17-24 October 2001.* FAO Food and Nutrition Technical Report Series N.º 1. Roma, FAO.

83 Departamento de Asuntos Económicos y Sociales de las Naciones Unidas, sitio web de la División de Población (disponible en http://www.un.org/en/development/desa/population/).

84 L. Naiken. 2007. *The probability distribution framework for estimating the prevalence of undernourishment: exploding the myth of the bivariate distribution.* Documento de trabajo n.º ESS/ESSG/009e de la División de Estadística de la FAO. Roma, FAO.

85 A. Deaton y J. Drèze. 2009. Food and nutrition in India: facts and interpretations. *Economic and Political Weekly*, XLIV(7): 42-65.

86 P. Svedberg. 1999. 841 million undernourished? *World Development*, 27(12): 2081-2098.

87 Comité de Seguridad Alimentaria Mundial. 2001. *La meta de la Cumbre Mundial sobre la Alimentación y las Metas para el Desarrollo en el Milenio.* CFS:2001/2-Sup.1, 27.º período de sesiones, Roma, 28 de mayo a 1 de junio de 2001. Roma.

88 Declaración de Roma sobre la Seguridad Alimentaria Mundial (véase la nota 4).

Notas al Anexo 1

Los países revisan periódicamente sus estadísticas oficiales correspondientes al pasado y al último período sobre el que se ha presentado información. Lo mismo sucede en cuanto a los datos sobre población de las Naciones Unidas. Cuando esto ocurre, la FAO revisa sus estimaciones de la subalimentación en consecuencia. Por esta razón, se aconseja a los lectores que tomen en consideración solamente los cambios en las estimaciones a lo largo del tiempo consignados en una única edición de *El estado de la inseguridad alimentaria en el mundo* y se abstengan de comparar datos publicados en ediciones de distintos años.

No se incluyen los países, zonas y territorios sobre los cuales no se disponía de datos suficientes o fiables para llevar a cabo la evaluación. Son los siguientes:
Andorra, Anguila, Antillas Neerlandesas, Aruba, Bahrein, Bhután, Burundi, Comoras, Dominica, Eritrea, Groenlandia, Guadalupe, Guam, Guinea Ecuatorial, Guyana Francesa, Islas Caimán, Islas Cantón y Enderbury, Islas Cocos (Keeling), Islas Cook, Isla Christmas, Islas Feroe, Atolón Johnston, Islas Marshall, Islas Marianas septentrionales, Islas Midway, Isla Norfolk, Islas Pitcairn, Islas Turcas y Caicos, Islas Vírgenes Británicas, Islas Vírgenes (EE.UU.), Isla Wake, Islas Wallis y Futuna, Libia, Liechtenstein, Martinica, Micronesia (Estados Federados de), Mónaco, Nauru, Niue, Nueva Caledonia, Palau, Papua Nueva Guinea, Polinesia Francesa, Puerto Rico, Qatar, República Árabe Siria, República Democrática del Congo, Reunión, Sáhara occidental, Samoa Americana, Santa Elena, Santa Sede, Saint-Pierre y Miquelón, Saint Kitts y Nevis, San Marino, Seychelles, Singapur, Somalia, Tokelau, Tonga, Tuvalu.

1. Objetivo de la Cumbre Mundial sobre la Alimentación: reducir a la mitad, entre 1990-92 y 2015, el número de personas subalimentadas.

2. Primer Objetivo de Desarrollo del Milenio, meta 1.C: reducir a la mitad, entre 1990-92 y 2015, la proporción de personas que padecen subalimentación, o reducir esta proporción a menos del 5 %. El indicador 1.9 mide la proporción de la población por debajo del nivel mínimo de consumo de energía alimentaria (subalimentación). Los resultados se obtienen siguiendo una metodología armonizada y se basan en los últimos datos disponibles a escala mundial (haciendo el promedio de un período de tres años). Algunos países pueden tener datos más recientes que, de utilizarse, podrían originar diferencias en las estimaciones de la prevalencia de la subalimentación y, en consecuencia, de los progresos realizados.

3. Previsión.

4. Cambio con respecto al período de referencia (1990-92). En el caso de los países que no existían en el período de referencia, la proporción de personas subalimentadas correspondiente al período 1990-92 se basa en el período 1993-95, mientras que el número de personas subalimentadas se basa en dicha proporción de su población en 1990-92. En el caso de los países en los que la prevalencia estimada de la subalimentación es inferior al 5 %, las variaciones en el número de personas subalimentadas con respecto al período de referencia 1990-92 se determinan únicamente como: logro del objetivo de la CMA, es decir, reducción en más de la mitad del número de personas (< − 50,0 %); progresos registrados pero insuficientes para el logro del objetivo de la CMA, es decir, reducción en menos de la mitad del número de personas (> − 50 %); o aumento del número de personas subalimentadas (> 0,0 %).

5. El indicador de color muestra los progresos realizados para el período 2014-16:

Objetivo de la CMA		Meta del ODM 1	
▲	Objetivo de la CMA no alcanzado, y ausencia de progresos o empeoramiento	🔴	Meta 1.C de los ODM no alcanzada, y ausencia de progresos o empeoramiento
◄►	Objetivo de la CMA no alcanzado, con lentos progresos	🟡	Meta 1.C de los ODM no alcanzada, con lentos progresos
▼	Objetivo de la CMA cerca de alcanzarse. Se alcanzará antes de 2020 si se mantiene la tendencia observada	⚪	Meta 1.C de los ODM cerca de alcanzarse. Se alcanzará antes de 2020 si se mantiene la tendencia observada
✳	Objetivo de la CMA alcanzado	🟢	Meta 1.C de los ODM alcanzada

Composición de los grupos especiales de países:

6. Incluye: Afganistán, Angola, Bangladesh, Benin, Burkina Faso, Burundi, Camboya, Chad, Comoras, Djibouti, Eritrea, Etiopía, Gambia, Guinea, Guinea-Bissau, Haití, Islas Salomón, Kiribati, Lesotho, Liberia, Madagascar, Malawi, Malí, Mauritania, Mozambique, Myanmar, Nepal, Níger, República Centroafricana, República Democrática del Congo, República Democrática Popular Lao, República Unida de Tanzanía, Rwanda, Santo Tomé y Príncipe, Senegal, Sierra Leona, Somalia, Sudán, Timor-Leste, Togo, Uganda, Vanuatu, Yemen, Zambia.

7. Incluye: Afganistán, Armenia, Azerbaiyán, Bolivia (Estado Plurinacional de), Botswana, Burkina Faso, Burundi, Chad, Etiopía, ex República Yugoslava de Macedonia, Kazajstán, Kirguistán, Lesotho, Malawi, Malí, Mongolia, Nepal, Níger, Paraguay, República Centroafricana, República de Moldova, República Democrática Popular Lao, Rwanda, Swazilandia, Tayikistán, Turkmenistán, Uganda, Uzbekistán, Zambia, Zimbabwe.

8. Incluye: Antigua y Barbuda, Antillas Neerlandesas, Bahamas, Barbados, Belice, Cabo Verde, Comoras, Cuba, Dominica, Granada, Guinea-Bissau, Guyana, Haití, Islas Fiji, Islas Salomón, Jamaica, Kiribati, Maldivas, Mauricio, Nueva Caledonia, Papua Nueva Guinea, República Dominicana, Saint Kitts y Nevis, Samoa, Santa Lucía, San Vicente y las Granadinas, Santo Tomé y Príncipe, Seychelles, Suriname, Timor-Leste, Trinidad y Tabago, Vanuatu.

9. Incluye: Afganistán, Bangladesh, Benin, Burkina Faso, Burundi, Camboya, Chad, Comoras, Eritrea, Etiopía, Gambia, Guinea, Guinea-Bissau, Haití, Kenya, Liberia, Madagascar, Malawi, Malí, Mozambique, Myanmar, Nepal, Níger, República Centroafricana, República Democrática del Congo, República Popular Democrática de Corea, República Unida de Tanzanía, Rwanda, Sierra Leona, Somalia, Tayikistán, Togo, Uganda, Zimbabwe.

10. Incluye: Armenia, Bolivia (Estado Plurinacional de), Cabo Verde, Camerún, Congo, Côte d'Ivoire, Djibouti, Egipto, El Salvador, Filipinas, Georgia, Ghana, Guatemala, Guyana, Honduras, India, Indonesia, Islas Salomón, Kiribati, Kosovo, Kirguistán, Lesotho, Mauritania, Marruecos, Mongolia, Nicaragua, Nigeria, Pakistán, Papua Nueva Guinea, Paraguay, República Árabe Siria, República de Moldova, República Democrática Popular Lao, Ribera Occidental y Franja de Gaza, Samoa, Santo Tomé y Príncipe, Senegal, Sri Lanka, Sudán del Sur, Sudán, Swazilandia, Timor-Leste, Ucrania, Uzbekistán, Vanuatu, Viet Nam, Yemen, Zambia.

11. Incluye: Afganistán, Bangladesh, Benin, Burkina Faso, Burundi, Camerún, Chad, Comoras, Congo, Côte d'Ivoire, Djibouti, Eritrea, Etiopía, Filipinas, Gambia, Ghana, Guinea, Guinea-Bissau, Haití, Honduras, India, Islas Salomón, Kenya, Kirguistán, Lesotho, Liberia, Madagascar, Malawi, Malí, Mauritania, Mongolia, Mozambique, Nepal, Nicaragua, Níger, Nigeria, Papua Nueva Guinea, República Centroafricana, República Democrática del Congo, República Popular Democrática de Corea, República Unida de Tanzanía, Rwanda, Santo Tomé y Príncipe, Senegal, Sierra Leona, Somalia, Sri Lanka, Sudán, Tayikistán, Togo, Uganda, Uzbekistán, Yemen, Zimbabwe.

12. "África" incluye a los países en desarrollo bajo la responsabilidad de la Oficina Regional de la FAO para África (RAF): Angola, Benin, Botswana, Burkina Faso, Burundi, Cabo Verde, Camerún, Chad, Comoras, Congo, Côte d'Ivoire, Djibouti, Eritrea, Etiopía, Gabón, Gambia, Ghana, Guinea, GuineaBissau, Kenya, Lesotho, Liberia, Madagascar, Malawi, Malí, Mauricio, Mauritania, Mozambique, Namibia, Níger, Nigeria, República Centroafricana, República Democrática del Congo, República Unida de Tanzanía, Rwanda, Santo Tomé y Príncipe, Senegal, Seychelles, Sierra Leona, Somalia, Sudáfrica, Sudán (antiguo) (hasta el 2011), Sudán del Sur (desde 2012), Swazilandia, Togo, Uganda, Zambia, Zimbabwe.

13. "América Latina y el Caribe" incluye a los países en desarrollo bajo la responsabilidad de la Oficina Regional de la FAO para América Latina y el Caribe (RLC): Antigua y Barbuda, Argentina, Bahamas, Barbados, Belice, Bolivia (Estado Plurinacional de), Brasil, Chile, Colombia, Costa Rica, Cuba, Dominica, Ecuador, El Salvador, Granada, Guatemala, Guyana, Haití, Honduras, Jamaica, México, Nicaragua, Panamá, Paraguay, Perú, República Dominicana, Saint Kitts y Nevis, Santa Lucía, San Vicente y las Granadinas, Suriname, Trinidad y Tabago, Uruguay, Venezuela (República Bolivariana de).

14. "Asia y el Pacífico" incluye a los países en desarrollo bajo la responsabilidad de la Oficina Regional de la FAO para Asia y el Pacífico (RAF): Afganistán, Bangladesh, Bhután, Brunei Darussalam, Camboya, China, Filipinas, Fiji, India, Indonesia, Irán (República Islámica del), Islas Salomón, Kazajstán, Kiribati, Malasia, Maldivas, Mongolia, Myanmar, Nepal, Pakistán, Papua Nueva Guinea, República de Corea, República Democrática Popular Lao, República Popular Democrática de Corea, Samoa, Singapur, Sri Lanka, Tailandia, Timor-Leste, Uzbekistán, Vanuatu, Viet Nam.

15. "Oriente Próximo y África del Norte" incluye a los países en desarrollo bajo la responsabilidad de la Oficina Regional de la FAO para el Cercano Oriente y África del Norte (RNE): Arabia Saudita, Argelia, Egipto, Emiratos Árabes Unidos, Irán (República Islámica del), Iraq, Jordania, Kuwait, Líbano, Libia, Mauritania, Marruecos, Sudán (desde 2012), República Árabe Siria, Túnez, Yemen.

16. "Europa y Asia central" incluye a los países en desarrollo bajo la responsabilidad de la Oficina Regional de la FAO para Europa y Asia Central (REU): Armenia, Azerbaiyán, Georgia, Kazajstán, Kirguistán, Tayikistán, Turkmenistán, Turquía, Uzbekistán.

17. Excluido Sudán. Además de los países enumerados en el cuadro, se incluye Libia.

18. Además de los países enumerados en el cuadro, se incluyen: Burundi, Comoras, Eritrea, República Democrática del Congo, Seychelles, Somalia. El valor correspondiente a 2014-16 incluye una estimación relativa a Sudán del Sur.

19. Sudán (antiguo) se refiere al ex Estado soberano del Sudán antes de julio de 2011, cuando Sudán del Sur declaró su independencia. Los datos sobre Sudán del Sur y el Sudán correspondientes a los años 2014-16 no son fiables, por lo que no se consignan.

20. Además de los países enumerados en el cuadro, se incluyen: Antigua y Barbuda, Antillas Neerlandesas, Bahamas, Dominica, Granada, Saint Kitts y Nevis, Santa Lucía.

21. Además de los países enumerados en el cuadro, se incluyen: la Franja de Gaza, la República Árabe Siria y la Ribera Occidental.

22. Además de los países enumerados en el cuadro, se incluyen: Nueva Caledonia, Papua Nueva Guinea, Polinesia Francesa. Australia y Nueva Zelandia se consideran en el grupo de "países desarrollados".

LEYENDA

< 5,0   proporción de personas subalimentadas inferior al 5 %

< 0,1   menos de 100.000 personas subalimentadas

n.a.   no aplicable

n.s.   cifra estadísticamente no significativa

Fuente: Estimaciones de la FAO.

Mensajes clave

■ Hay unos 795 millones de personas subalimentadas en el mundo, es decir, 167 millones menos que hace un decenio y 216 millones menos que en 1990-92. El descenso ha sido más pronunciado en las regiones en desarrollo, a pesar del considerable crecimiento demográfico. En los últimos años, los progresos se han visto obstaculizados por un crecimiento económico más lento y menos inclusivo, así como por la inestabilidad política en algunas regiones en desarrollo, por ejemplo en África central y Asia occidental.

■ El año 2015 marca el final del período de seguimiento de las metas establecidas en los Objetivos de Desarrollo del Milenio. En las regiones en desarrollo en su conjunto, la proporción de personas subalimentadas en la población total ha disminuido del 23,3 % en 1990-92 al 12,9 %. En algunas regiones, como América Latina, las regiones oriental y sudoriental de Asia, el Cáucaso y Asia central, y las regiones septentrional y occidental de África se han hecho progresos rápidos. También se han registrado progresos en el Asia meridional, Oceanía, el Caribe y el África austral y oriental, pero a un ritmo demasiado lento para alcanzar la meta 1.C de los ODM, consistente en reducir a la mitad la proporción de personas que sufren subalimentación crónica.

■ Un total de 72 países en desarrollo de 129, o sea, más de la mitad de los países objeto de seguimiento, han alcanzado la meta 1.C de los ODM, relativa al hambre. La mayor parte disfrutaron de condiciones políticas estables y crecimiento económico, a menudo acompañados por políticas de protección social dirigidas a los grupos vulnerables de la población.

■ En las regiones en desarrollo en su conjunto, los dos indicadores relacionados con la meta 1.C de los ODM —la prevalencia de la subalimentación y la proporción de niños menores de cinco años que padecen insuficiencia ponderal— han disminuido. En algunas regiones, a saber, África occidental, Asia sudoriental y América del Sur, la subalimentación disminuyó más rápido que la tasa de insuficiencia ponderal infantil, lo que indica que hay margen para mejorar la calidad de las dietas, las condiciones higiénicas y el acceso a agua limpia, especialmente entre los sectores más pobres de la población.

■ El crecimiento económico es un factor clave del éxito en la reducción de la subalimentación, pero tiene que ser inclusivo y ofrecer oportunidades para mejorar los medios de vida de la población pobre. El aumento de la productividad y los ingresos de los pequeños agricultores familiares es fundamental para lograr progresos.

■ Los sistemas de protección social han sido decisivos con vistas a promover la realización de progresos hacia la consecución de las metas del ODM 1 relativas al hambre y la pobreza en diversos países en desarrollo. La protección social contribuye directamente a la reducción de la pobreza, el hambre y la malnutrición mediante la promoción de la seguridad de los ingresos y el acceso a una mejor nutrición, atención sanitaria y educación. Al mejorar las capacidades humanas y mitigar los efectos de las crisis, la protección social favorece la capacidad de los pobres para participar en el crecimiento mediante un mejor acceso al empleo.

■ En muchos países que no han logrado alcanzar los objetivos internacionales relativos al hambre, las catástrofes naturales y las provocadas por el hombre o la inestabilidad política, se han traducido en crisis prolongadas que han conllevado una mayor vulnerabilidad e inseguridad alimentaria de gran parte de la población. En estos contextos, las medidas para proteger a los grupos vulnerables de la población y mejorar los medios de vida han sido difíciles de aplicar o ineficaces.

www.ingramcontent.com/pod-product-compliance
Lightning Source LLC
Chambersburg PA
CBHW060833290526
45792CB00006BB/1902